ロゴセラピーのエッセンス

18の基本概念

ヴィクトール・フランクル

赤坂桃子［訳］

本多奈美、草野智洋［解説］

Grundkonzepte der Logotherapie

Viktor E. Frankl

新教出版社

Viktor E. Frankl

Grundkonzepte der Logotherapie

Japanese Edition
published by
Shinkyo Shuppansha
Tokyo
2016

はじめに

あれはおそらく一九八〇年代だったと思うが、ヴィクトール・フランクルがわたしに、自分の文体は現代人の読書習慣に合っていないのではあるまいか、とたずねたことがある。わたしは、まさにその「よき時代の知識人」の磨き抜かれた文章表現こそ特別な読書の喜びを与えてくれるのだ、と反論した。わたしが戦間期をよき時代と表現したために、ふたりともすぐに苦笑してしまったのだが、彼はほほえみながらこの表現を受け入れてくれた。もちろんわたしは、第一次世界大戦と第二次世界大戦のあいだのウィーンにおける、非常に活発な精神的雰囲気のことを言いたかったのである。

それから三十年が経過し、わたしはフランクルが一九五八年に英語で書いたテキストをドイツ語に――彼のドイツ語に、と言うべきか――戻すというむずかしい課題に直面している。わたしのペンが、いや、正確にはわたしのキーボードが、一九五〇年代のフランクルの文体を模倣できるとしても（文筆家としてのフランクルのキャリアは一九二四年から一九九七年にまでおよぶ）、わたしはそれをそのまま真似して書くべきなのだろうか？ それとも「ロゴセラピー早わかり［Logotherapy in a Nutshell］」と名づけられた原文の章の内容を、現代ドイツ語に移し替えるべきなのだろうか？

幸いフランクルの著作には、時代と結びつく細々とした文体上の特徴を超越する基本原則がある。それは、思想上・言語上の入念さが貫かれていることだ。本人が言っていたのだが、フランクルは、これ以上なにも手を加える必要がない表現に仕上げるまで、たった一つの文章の推敲に、何時間も何日も費やすこともあったらしい。したがってわたしは、特に原文の思想的な精度をきちんと追うことに力を注いだ。そうすれば、単語の選択と文の構造はおのずと決まってくるにちがいないと考えたのだ。

フランクルも最初は自分の考えをドイツ語で書きつけ、その後も何度もドイツ語で記録をとっていたので、わたしは翻訳に際してしばしば彼自身が選んだ表現を使うことができた。また、アレクサンダー・バティアーニーにも大いに助けられた。彼はフランクル全著作集の編者として、フランクルを読み込み、その思想と文章の書き方に特に精通していたからである。

フランツ・J・ヴェセリ

目次

解説…… 105

序文

「ロゴセラピーおよび実存分析」という二重概念は、フランクルの構想の全体像をよくあらわしている。理論上の基盤（認識論と人間学）を含意する一方で、そこから発展した実践的な心理療法上の介入も意味しているからだ。フランクル自身は精神医学と神経学を専門とする仲間の医師に対しては、この正式名称を用いた。それに対して、一般読者向けの書物や講演では、簡単に「ロゴセラピー」と言うこともしばしばあった。たとえば、*Man's Search for Meaning*〔日本では『夜と霧』という邦題で翻訳されているフランクルの著書の英語版〕の付録として執筆された、彼の心理治療のアプローチを短くまとめた著作がその一例である。本人が書いているように、「本来ならドイツ語で二十冊の本になるようなテーマを、限られたページ数で読者に伝えるのは、ほとんど至難の業」だ。それでも彼はこの難題に挑戦し、"Basic Concepts of Logotherapy"〔「ロゴセラピーの基本概念」〕という一章が生まれ、これがのちの版では"Logotherapy in a

Nutshell”〔「ロゴセラピー早わかり」〕というタイトルに変わった。しかしフランクルは、自らの理論とそれに基づく方法論をドイツ語でも同じように簡単にまとめ、出版する必要があるとは考えなかった。あるいはその時間がなかったのかもしれない。「ロゴセラピーおよび実存分析」についてドイツ語で情報を得たいと申し出た者に対しては、彼は質問者の基礎知識や職業に応じて、いずれかの自分の著作を読むように指導していた。

　しかしそうこうするうちに、グーグルやウィキペディアの時代がやってきて、「超初心者のための哲学」だとか、ありとあらゆる種類のハウツー本が出回るようになった。せっかく興味を持った読者が、こうした二次文献や三次文献を読んで生半可な知識を身につけ、フランクルの思想の真髄に触れる機会がなくなってしまう危険が増大している。くわしく書かれたフランクルの著作のほかに、フランクル自身が執筆した、簡にして要を得、もっとも重要な思想をコンパクトにまとめたテキストがあれば、非常に有益であるにちがいない。こうした考えから、前述の“Basic Concepts of Logotherapy”をドイツ語に翻訳しようという計画が生まれた。この翻訳が本書の第一部である。

　第二部は、フランクルの初期の著作にさかのぼる。一九三八年にドイツ語の専門雑誌に発表された「心理療法における精神の問題について」というこの論文は、何年もあとになってから――二十年後、しかも第二次世界大戦という世界的な悲劇を経てから――執筆されたロゴセラピーの概説と興味深い対照をなしている。

この論文で、フランクルは刊行物としてははじめて「ロゴセラピー」と「実存分析」という用語を用いている。ただしすでにかなり前から、彼は講演で「いわゆるロゴセラピー」について言及していた。フランクルが個人心理学会をなかば強制的にやめさせられてから十一年が経過していた。この十一年のあいだ、彼は開業医としても診察していたが、かつてのウィーン市立精神病院の大規模な「女性自殺未遂者専門棟」の責任者として勤務し、膨大な量の貴重な臨床経験を積んだ。こうしてフランクルは、アルフレッド・アドラーと袂《たもと》を分かつ原因となった自分の理念を実証し、彼自身の表現によれば、この「医者修行時代」にその理念は具体的なかたちをとっていった。そしてついに論文として専門雑誌に発表するまでになったのである。

フランツ・J・ヴェセリ

ロゴセラピーの基本概念(1)

わたしの短い自伝的著作の読者から、わたしのセラピーの原理について、よりくわしく具体的な説明を求められることがしばしばあります。そこで、*From Death Camp to Existentialism*〔『死の収容所から実存主義へ』。邦題『夜と霧』の英語版 *Man's Search for Meaning* の当初の書名〕の初版にロゴセラピーに関する簡単な一章を書き加えました。それでも読者の要望に応えることはできず、もっとくわしい説明を求める声は高まる一方だったので、今回の版では当初の原稿を徹底的に書き直し、さらに突っこんだ説明を試みました。

それはけっして容易な仕事ではありませんでした。本来ならドイツ語で二十冊の本になるようなテーマを、限られたページ数で読者に伝えるのは、ほとんど至難の業でした。以前にわたしのウィーンの診察室をおとずれたアメリカ人医師の質問を思い出します。彼はこうたずねました。「ところで先生、あなたは精神分析家でいらっしゃいますか?」わたしは答えました。「正確には精神分析家ではありません。心理療法家です」。彼はさらに質問しました。「何という学派ですか？」――「**ロゴセラピー**という自分の理論に基づいて治療しています」とわたし。「では、ロゴセラピーとはいったい何なのか、一つの文章にして教えていただけますか？」と彼。「少なくとも、精神分析とロゴセラピーのちがいは何か知りたいのですが」――「いいでしょう」とわたしは応じました。「でも、まず**あなた**から、精神分析の本質は何か、一文で言ってくださいませんか？」すると彼は答えました。「精神分析では患者はカウチに横になり、ときには話すと非常に不愉快になるようなことを言わなければなりません」。すぐにわたしはその場の思いつきでこう言い返しました。「ロゴセラピーでは患者はからだを起こしてまっすぐ椅子にすわっていてもいいですが、ときには聞くと非常に不愉快になるようなことを聞かなければなりません」

もちろんこれは冗談で、このようにロゴセラピーが要約できるはずはありません。とはいえ、そこには一片の真実があるわけで、ロゴセラピーは精神分析と比べると、それほど**回顧的**ではなく、それほど**内省的**でもありません。ロゴセラピーはむしろ未来に目を向けます。つまり、患者を将来待ち受けているであろう意味の可能性に着目するのです。ロゴセラピーは、まさに意味を中心とする心理療法なのです。同時に、ロゴセラピーは、神経症の発症に大きな影響を与える悪循環の形成とフィードバックのメカニズムには着目せず、患者にも注意をうながしません。このような方法により、神経症患者に典型的に見られる自己中心性は、助長されたり強化されたりせず、解消されます。

たしかにこのような説明は、単純化しすぎかもしれません。しかし実際にロゴセラピーによって患者は自分の人生の意味と向き合い、新しい方向を見いだしています。患者にこの意味を気づかせることで、神経症を克服する力が強化されます。

わたしが自分の理論をなぜ「ロゴセラピー」と命名したのか、説明しましょう。**ロゴス**は、ギリシャ語で「意味」を意味します。ロゴセラピー、あるいは一部の人々の呼び方にしたがえば「心理療法における第三のウィーン学派」では、人間存在の意味と、人間による意味の探求に焦点を当てます。ロゴセラピーの見解によれば、人生の意味をなんとかして見つけ出そうとするモチベーションは、人間にもともと備わっているのです。わたしが、**意味への意志**を、フロイトの精神分析の中心となる快楽原則（あるいは**快楽への意志**）、また「優越性の追求」という用語であらわされるアドラー心理学の**権力への意志**と対比させて説明するのはそのためです。

1　意味への意志〔独 Der Wille zum Sinn／英 The Will to Meaning〕

意味の探求は人生における主要な一次的モチベーションであり、本能的衝動の「二次的な合理化」などではありません。この「意味」は、ある一人の人間によってのみ実現されることができ、またその人に実現されなければならないという点で、一回かぎりであり、独自のものであると言えます。その場合にかぎって、この「意味」は意義を持ち、その個人の意味への**意志**が充足されます。意味と価値は、「防衛機制、反動形成、昇華」〔防衛機制は精神分析の用語で、精神的安定を保つための無意識的な自我の働きを指す。反動形成および昇華は防衛機制の一種〕以外の何ものでもないと主張している人々がいます。しかしわたしに関して言えば、わたしは自分の「防衛機制」だけのために生きるつもりはありませんし、まして自分の「反動形成」だけのために死ぬつもりもありません。人間は、自分の理想と価値のために生き、そればかりでなく、そのために死ぬこともできるのです！

わたしは数年前にフランスでアンケートを実施したのですが、回答者の八十九パーセントは、人間はそのために生きる価値がある「何か」を必要としているという意見でした。さらに六十一パーセントは、自分の人生には、そのためなら死んでもかまわないと思う「何か」、または「誰か」が存在すると答えました。この調査をウィーンの病院のわたしの科でも実施したところ、フランスで数千人を対象にして行ったアンケートと実質的に同じ結果を得ました。両者の差は二パーセントにすぎませんでした。

ジョンズ・ホプキンズ大学の社会科学者たちは、四十八大学の七九四八人の学生に対して、別の統計調査を実施しました。アメリカ国立衛生研究所が後援した二年間におよぶ研究の一環として、その暫定報告書が公表されています。この報告書では、あなたにとって「非常に大切」なものは何ですかという問いに対し、十六パーセントの学生が「たくさんのお金を稼ぐこと」だと答えましたが、七十八パーセントの学生は、自分たちの最大の目標は「自分の人生における意味と課題を見つけること」だと答えています。

価値の問題に取り組んでいると見せかけて、実際には、ひそかな内的葛藤をカムフラージュしている場合もあるかもしれません。しかしたとえそうであったとしても、それは原則の例外にすぎないのであり、原則そのものではありません。こうしたケースでは、わたしたちは偽りの価値のみを問題にして、その仮面を剥がす必要があります。しかし人間内部にある本物の純粋な価値に出会ったとき、たとえば意味に満ちた人生に対する憧れが姿をあらわしたときには、仮面剥がしをそこでやめるべきです。もしもそこでやめないと、その「暴露する心理学者」は現実には自分自身の「隠された動機」を暴露することになるでしょう。つまり彼の無意識は、人間の中にある純粋なもの、純粋に人間的なものを卑しめ、軽視しようとしているのです。

2 実存的フラストレーション〔独 Existentielle Frustration 英 Existential Frustration〕

人間の意味への意志も欲求不満におちいることがあり、このようなケースをロゴセラピーでは「実存的フラストレーション」と呼びます。この「実存的」という表現は、三通りに解釈できます。すなわち、（1）**実存**そのもの、つまり、人間固有の存在方法のフラストレーション、（2）実存の**意味**をめぐるフラストレーション、（3）自分の実存の具体的な意味を探そうとする努力、すなわち意味への**意志**のフラストレーションです。

実存的なフラストレーションも神経症を引き起こす場合があります。この種の神経症にロゴセラピーは「精神因性神経症〔noogene Neurosen〕」という用語を用い、従来からある心因性神経症〔psychogene Neurosen〕と区別しています。精神因性の神経症の原因は心理的な次元にあるのではなく、人間存在の「精神〔noetisch〕」次元にあります。noetisch という単語は、ギリシャ語で精神をあらわす noos という単語からきています。この精神次元というのもロゴセラピーの用語で、人間固有の次元を指します。

3 精神因性神経症［独 Noogene Neurosen ／英 Noögenic Neuroses］

精神因性の神経症は、さまざまな衝動や本能の対立から生じるのではなく、実存的な諸問題から生じます。この諸問題の中でも重要なのが、「意味への意志」のフラストレーションです。

精神因性神経症の症例には、通常の一般的な心理療法が妥当で適切な治療法でないことは明白です。人間固有の次元に切り込んでいくロゴセラピーは、まさにこうした症状に適しています。

次のような例があります。アメリカの偉い外交官がウィーンのわたしの診察室にやってきました。五年前にニューヨークの精神分析医のもとで開始した精神分析の治療のつづきを受けるためです。わたしはまず彼に質問しました。なぜあなたは精神分析が必要だと思うのですか？ 精神分析を受けることになったそもそものきっかけはなんですか？ すると、このクライエントは自分の職業に満足できず、米国の外交政策を担って職務を遂行することに苦痛を感じていることがわかりました。しかしその精神分析医は、父親と和解すべきだとくりかえし彼に言い聞かせるばかりでした。米国政府と彼の職場の上司は、彼の父親のイマーゴ〔ラテン語でイメージを意味する語。ユングが用いた概念〕以外の何ものでもなく、したがって自分の仕事に満足できないのは、父親を無意識に憎悪しているからだと言うのです。

五年間にわたって精神分析を継続しているうちに、彼は徐々にその精神分析医の解釈を受けつぎ、ついには「木を見て森を見ない」状態におちいってしまいました。森というのは現実で、木は象徴やイメージです。わたしは彼と数回の面談を行い、彼の「意味への意志」が職業を通じて欲求不満におちいっており、本人は実際には別の活動をしたいと切望していることがわかりました。いまの職業をやめ、別の仕事を探すことになんの支障もなかったので、彼はそのように行動し、非常に満足のいく結果を得ました。最近になって本人が報告してくれたところによれば、彼はすでに五年以上も非常に満足して新しい仕事に従事しているとのことでした。彼の事例は、そもそも神経症かどうか疑わしかったので、わたしは心理療法もロゴセラピーすらも本来不必要だと考えていました。彼は実際問題として患者ではない、という単純な理由からです。すべての葛藤が神経症に起因しているということはありません。葛藤や軋轢《あつれき》の多くは正常で健康です。同様に、苦悩もつねに病的だというわけではありません。苦悩は、神経症の症状でないばかりか、人間としての業績である場合もあります。特にそれが実存的なフラストレーションから出たものである場合が、それに当たります。わたしは、人間の存在の意味を模索することが――存在の意味を疑うことも含みます――なんらかの病気から生じている、あるいは病気へと通じているとする意見に、真っ向から反対します。実存的なフラストレーションそれ自体は、病的でもなければ病原でもありません。存在の意味をめぐる人間の問い、あるいはこうした問いに対する疑念すらも、**実存上の苦悩**ではありますが、けっして**精神の病気**ではありません。このことがわからない医師は、自分の患者の実存的な絶望感を、鎮静剤の山で葬り去ろうとするかもしれません。しかしこの医師のすべきことは、むしろ実存的な成長と発展の危機を克服できるように患者を導き、共に歩むことです。

ロゴセラピーは、人生の意味を探している患者を支援することがみずからの課題だと考えます。ロゴセラピーは、患者に彼の存在にかくれている**ロゴス**〔意味〕を意識させるという点では、分析的なプロセスです。その意味ではロゴセラピーは精神分析に似ています。

しかし何かをふたたび意識させるというロゴセラピーの試みは、無意識の中にある**本能的な**事実のみを対象にしているのではありません。むしろロゴセラピーが取り組んでいるのは、たとえば人間がその実存において実現できる意味の可能性とか、意味への意志といった**実存的な**内容です。すべての分析は、たとえそれがセラピーのプロセスから精神次元を除外しているとしても、患者が実際には自分の内面で何をめざして努力しているかを、患者に意識させようとしています。ロゴセラピーが精神分析と異なるのは、人間を何よりも意味の実現を大切にする存在と見なし、衝動と本能の充足、エスと自我と超自我の相互の要求のバランス、社会と環境への単なる適応と同化を重視する存在と見なさない点です。

4 精神の力学〔独 Noodynamik／英 Noö-Dynamics〕

人間の意味の欲求は、内面の平衡ではなく内面の緊張をもたらすことがあります。しかしまさにこの緊張状態こそ、心の健康のために欠くことのできない前提です。あえて言わせていただきますが、自分の人生には課題があるという意識ほど、最悪の条件下にあっても生き抜く能力を人間に与えるものはこの世にありません。ニーチェの次の言葉には多くの知恵が込められています。「**なぜ**〔why〕生きるのかを知っている人間は、たいていは**どんなふうに**〔how〕でも生きていける」。わたしはこの言葉に、すべての心理療法に有効な原則を見ます。ナチスの強制収容所では、自分を待っている仕事があると知っていた者たちが生存するケースがもっとも多かったのです。強制収容所について著作のあるほかの筆者たちも同じような結論に達しています。日本、北朝鮮、北ベトナムの戦争捕虜収容所に関する精神医学の論文も同様です。

わたしの話ですが、わたしは出版するばかりになっていた本の原稿を、強制収容所に移送されたときに没収されてしまいました。[2] この原稿をまた書き直したいという強い思いが、苦しい強制収容所の生活を生き抜く力となったことは、疑いようがありません。バイエルンにある強制収容所でチフスにかかったとき、わたしは原稿をもう一度書き直すために、小さな紙切れにメモを書き殴りました。それがなければ、解放の日を経験できなかったでしょう。バイエルンの強制収容所の真っ暗な夜のバラックで失われた原稿を再構成する作業が、チフスで心血管虚脱におちいる危険からわたしを救ってくれました。

心の健康の基盤には、一定程度の緊張があることは明らかです。その緊張とは、ある人がすでに達成したことと、これから達成すべきことのあいだの緊張、あるいは現在の自分と、これからなるべき自分とのあいだの溝です。こうした緊張関係は人間存在に本来備わっているもので、それ故に心の健康には欠かせません。こうした理由から、わたしたちはある人に、その人を待っている意味の可能性と向き合わせることをためらってはなりません。このようにしてのみ、わたしたちはその人の中で眠っていた意味への意志を、目覚めさせることができます。人間がまず第一に必要としているのは平衡であるとか、生物学で言う「ホメオスタシス」、すなわち緊張のない状態だと決めてかかるのは、精神衛生の危険な勘違いだとわたしは考えます。人がほんとうに必要としているのは、緊張のない状態ではなく、ふさわしい目標、自由意志で選んだ仕事に取り組み、奮闘することです。人間が必要としているのは、緊張の解除ではなく、その人によって実現されることを待っている意味の可能性からの呼びかけです。人間が必要としているのは、ホメオスタシスではなく、わたしが「精神の力学」と呼んでいる、正反対の二極によりもたらされる緊張の場における実存力学です。一方の極には実行されるべき意味があり、もう一方の極にはその意味を果たすべき人がいます。この対極関係は、通常の条件のもとでのみ存在するのではありません。むしろ神経症の人の方が顕著だと言えましょう。建築家は老朽化したアーチ形構造物を補強したいとき、その上にかかる荷重を増やします。そうすることによって、部材がより緊密に結合するからです。ですから患者の心の健康を増進しようと思うセラピストは、個人の人生の意味を新たに方向づけすることで、健全な緊張関係をつくりだすことを恐れてはなりません。

意味の方向づけがもたらす治癒効果を明らかにしてきましたが、次にわたしはある感情の有害な影響について述べます。これは最近多くの患者が訴えているもので、自分の人生にはまったく意味がないと思ってしまう感情です。この人たちは、そのためなら生きる価値があると思える意味を知らず、自分の内面の空虚感、自分の内面の底なし沼のような空虚感に苦しんでいます。彼らはわたしが「実存的空虚」と呼んでいる状態におちいっているのです。

5 実存的空虚感［独 Das existentielle Vakuum ／英 The Existential Vacuum］

実存的な空虚感は、二十世紀になって広く蔓延するようになった現象です。おそらくこれは、人が真の人間となったときに経験した二重の喪失と関係があるだろうということは理解できます。人間の歴史がはじまったとき、人間は、本来は動物の行動に埋め込まれ、身を守ってくれるはずの動物的本能の一部を失いました。こうした防御機能は、「楽園」〔アダムとイブの楽園追放を指す〕と同様、人間から永遠に奪われてしまったのです。人間は自分で決定を下さなければならなくなりました。しかももっと時代が下ってから、人間はもう一つの喪失に苦しむことになります。人間の行動を長いあいだ支え導いてきた伝統が、いま急速に失われようとしています。何をしなければならないか教えてくれる本能もなく、何をすべきか導いてくれる伝統もなく、ときには自分が何をしたいのかすらわかりません。そのかわりに人間は、ほかの人々がしていることを望み（大勢順応主義）、あるいはほかの人々が自分に望んでいることをする（全体主義）ようになりました。

最近、統計調査を行ったところ、ヨーロッパの大学でわたしが教えている学生たちの二十五パーセントは、程度の差はありますが、実存的空虚感を訴えていることが判明しました。アメリカの学生たちの場合には、この数字が二十五パーセントどころか六十パーセントでした。

実存的空虚感は、多くの場合、退屈なときにあらわれます。ショーペンハウアーは、人類は苦悩と退屈という両極端のあいだで永遠の振り子運動をするように運命づけられていると述べましたが、わたしたちにはそれがよくわかります。実際にこの頃では、多くの問題の引き金となり、多くの人々を精神科の診察室に駆り立てるのは、苦悩ではなく退屈です。しかもこの問題はますます深刻になっています。オートメーション化が進むにつれ、平均的な労働者に与えられる余暇時間は増加すると考えられるからです。それで困るのは、彼らの多くが新たに手にした自由時間に何をしていいのかわからないということです。

たとえばいわゆる「日曜神経症」について考えてみましょう。ウィークデイのあわただしさが終わってふと我にかえり、自分の人生の空虚さに気づいたとき、かなりの人がおちいる一種のうつ状態です。自殺の多くは、その原因が実存的な空虚感にあると考えられます。うつ、攻撃性、依存症のように広く見られる現象は、実存的空虚感が根底に潜んでいると考えないかぎり、なかなか説明がつきません。年金生活者や中年世代の危機や苦悩にも、同じことが当てはまります。

また実存的空虚感は、しばしばさまざまな仮面や外見をまとってあらわれることがあります。たとえば意味への意志が欲求不満におちいると、権力への意志で埋め合わせてしまうケースがあります。権力への意志のもっとも原始的なかたちである金銭への執着も、ここに含まれます。また別の場合には、意味を求めるかわりに快楽への意志があらわれることもあります。意味への意志のフラストレーションは、しばしばセックスによって埋め合わせられます。このような場合には、性的衝動が実存的空虚感の中に凶暴に根を張っていきます。

同じようなことが神経症の場合にも起こります。のちほどまた触れますが、ここにはある種のフィードバック機構と悪循環が見られます。しかしくりかえし観察されるのは、この症状はとりわけ実存的空虚感に巣くい、そこでいちじるしく勢いを増すということです。このような症例でわたしたちが対峙するのは、もはや精神因性神経症ではありません。けれども、心理療法による治療をロゴセラピーで補完しないかぎり、患者にこうした状態を克服させることはできないでしょう。なぜなら実存的な空虚を満たすことによって、症状の再発を防止できるからです。したがってロゴセラピーは前述のような精神因性のケースのみならず、心因性のケース、ときによっては身体因性の（偽）神経症にすら用いることができます。こうした視点に立つと、マグダ・Ｂ・アーノルドの「すべてのセラピーは、制限付きではあるものの、なんらかのかたちでロゴセラピーでもある」[3]というコメントも納得できるのではないでしょうか。

では次に、患者が「わたしの人生の意味は何ですか」と質問したとき、わたしたちには何ができるのか考えてみましょう。

6　人生の意味［独 Der Sinn des Lebens ／英 The Meaning of Life］

医者がこの問いに一般論として答えを出せるものかどうか、わたしには疑問です。なぜなら人生の意味は、人によって、日によって、時間によってすら異なるからです。ですから重要なのは、一般的な人生の意味ではなく、ある特定の瞬間における、ある個人の人生の具体的な意味なのです。一般論としてこの質問をすることは、チェスの世界選手権王者に対して「チャンピオン、この世で一番いいチェスの手を教えてくださいますか？」と質問するようなものです。その試合における駒の位置と対戦相手の個性に左右されない、「一番いい手」など存在しませんし、そもそも「いい手」というものだって存在しません。同じことが人間の実存にも当てはまります。抽象的な人生の意味を問うことは重要ではないのです。人生においては、誰もが自分にしかできない仕事、その人に成就されることを待っている具体的な使命を持っています。それは他の人が代わりに果たすことはできませんし、その人の人生でふたたびくりかえされることもありません。したがってそれぞれの人間にとって、いまここにある意味ある課題は、この課題を実現するために与えられた可能性と同様、かけがえのない唯一のものなのです。

人生のすべての状況は一つの課題なのであり、その人が解決すべき問題を突きつけているのですから、「わたしの人生の意味は何ですか」と質問するのは、方向が逆だということになります。わたしたちは、人生の意味は何かと問うのではなく、問われているのは他でもない自分なのだということを理解しなければなりません。一言で言うと、すべての人間は人生から問われているのです。そして人間は自分自身の人生に責任を持つことによってのみ、人生に答えることができるのです。このようにロゴセラピーは、この責任性の中に、まさに人間存在の本質があると考えます。

7 実存の本質［独 Das Wesen der Existenz ／英 The Essence of Existence］

この責任性の強調は、ロゴセラピーの定言命法にあらわれています。それは、「あたかも二度目の人生を生きているように生きなさい。しかも、あなたが今ちょうどしかかっているように、一度目の人生ではすべてまちがってしまったつもりで」というものです。まず現在をすでに過去のもののように思わせ、この過去はいつでも変えられ、改善できることを言っているこの金言ほど、人間の責任感を呼び覚ますものはないのではないでしょうか。こう想像することで、人は自分の存在の**有限性**とともに、自分から積極的に人生に対してしたことの**究極性**を目のあたりにすることができます。

ロゴセラピーは患者に自分の責任を十分に理解させようと試みます。それゆえ、患者自身に、何のために、誰に対して責任を負うのかを自分で決定させる必要があります。ほかの心理療法のセラピストと比較して、患者に自分の価値判断をもっとも押しつけようとしないのがロゴセラピストです。なぜならロゴセラピストは、決定を下す責任を医師の側にゆだねてしまうことを患者に許さないからです。

同じように、社会または自分自身の良心に対して、自分の人生の課題の責任を負うべきかどうか決定するのも患者自身です。しかし中には、自分の人生を、単に自分に割り振られただけの課題にはとどまらず、誰かから与えられた使命のようにとらえる人もいます。

ロゴセラピーは教えたり、説教したりしません。ロゴセラピーは人生の意味の理論的な理由づけからも、モラリストの警告からも、距離を置いています。ロゴセラピストの役割は、画家というよりも、むしろ眼科医に喩えられましょう。画家は自分が見た世界をわたしたちに示そうとします。眼科医は、現実の世界をわたしたちがありのままに見ることができるようにしてくれます。ロゴセラピストの仕事は、患者の視野を広げ、患者にとっての多種多様な意味の可能性の全体像を見えるようにしてあげること、意識させることです。

わたしが人間は責任を負うべき存在で、自分の人生に潜在する意味を実現しなければならないと言うのは、世界における真の意味を見つけ出さなければならないという意味であって、あたかも閉じたシステムのように、人間の内面または人間の心の中にある意味を探せと言っているのではありません。わたしはこの本質的な特徴を、「人間存在の自己超越性」と呼んでいます。これはつまり、人間存在はつねに何かまたは誰かに向かっているということです。それが実現されるべき意味であろうと、出会うことになる他者であろうと、その方向性は自分自身に向かうのではありません。あることに没頭し、あるいはある人を愛する度合いが強くなり、自分を忘れれば忘れるほど、人は人間になり、自己を実現するのです。ここで言っている自己実現とは、努力してがんばれば達成できるような目標のことではありません。なぜなら、理由は単純で、がんばればがんばるほど目標は遠ざかるからです。言い換えれば、自己実現は自己超越の副次効果としてのみ可能です。

これまでの考察により、人生の意味はつねに変化すること、しかし意味はけっして存在することをやめないことが明らかになりました。ロゴセラピーの見解では、わたしたちはこの意味というものを三つの方法で発見できます。（1）作品を創作したり、行動を起こしたりすることによって。（2）何かを経験したり、誰かと出会ったりすることによって。（3）避けられない苦難に対してとる態度によって。

創作や業績によって、という第一の方法は、説明するまでもないでしょう。意味に至るそのほかの二つの方法については、以下でもう少しくわしく説明していきます。

人生の意味を見つける第二の方法は、何か——人間の善、真実、美、自然体験や芸術体験——と出会うこと、または他者の唯一性、比類のなさを経験し認めること、すなわちその人を愛することで他者と出会うことです。

8　愛の意味 ［独 Der Sinn der Liebe ／英 The Meaning of Love］

愛とは、他の人間存在をその人間性のもっとも深い核の部分において理解することができる唯一の可能性です。ある人の本質を完全に理解できるのは、その人を愛している他者のみです。人は愛を通して、愛する人の本質的な特徴と特性に気づく能力が与えられるのです。いや、そればかりではなく、その他者の中でまだ実現されていないけれども実現する価値がある可能性すら見えてくるのです。愛する人間は、自分が愛する人に、この潜在的な可能性を実現させてあげることができます。他者に、その人が現在なれるであろう何か、これからなるべき何かを示してあげることで、可能性は現実のものへと変化するのです。

ロゴセラピーでは、愛は性的な衝動や本能の単なる付帯現象[4]と理解されるのではなく、いわゆる昇華として理解されます。また愛はセックスのような根源的な現象でもあります。通常、性交は愛の表現です。セックスはそれが愛の手段である場合に、そうである場合にかぎり、正当化され、神聖視すらされるのです。したがって愛はセックスの単なる副次効果などではなく、むしろセックスはわたしたちが愛と名づける究極の連帯経験の表現なのだと言うべきでしょう。

そして人生の意味を発見するための第三の道は、苦悩の中にあります。

9　苦悩の意味［独 Der Sinn des Leidens ／英 The Meaning of Suffering］

わたしたちは絶望的な状況におちいったときや、変えることのできない運命に直面しているときにも、人生の意味を見つけられるのだということをけっして忘れてはなりません。ここで重要なのは、わたしたち自身が、あらゆる能力の中でもっとも人間的な能力、すなわち自分の身に起こった悲劇を勝利に変える能力、苦悩に満ちた運命を人間としての業績にする能力の証人となることです。ある状況をもはや変えることができない場合――たとえば手術ができない癌のような不治の病にかかったとき――わたしたちは自らを変えるという課題を課せられているのです。

わかりやすい例をご紹介しましょう。あるときわたしより年上の開業医が診察をうけにきました。重いうつ病の症状に悩まされていたのです。彼は深く愛していた妻が二年前に亡くなり、その喪失感をいまだに克服できずにいました。わたしはどうやったら彼の助けになれるでしょう？　彼に何を言うべきなのでしょうか？　わたしはあえて何も言わず、逆にこう質問しました。「先生、もしもあなたが先に亡くなり、奥様があなたなしで生きていかなければならなかったとしたら、どうでしょう?」――「そんなことになったら妻はとても大変だったでしょう。どれほど苦しまなければならなかったことか!」そこでわたしはこのように言いました。「そうですね、先生。その苦しみを奥様は経験せずにすみました。奥様が苦しまずにすむようにしてあげたのは、あなたです。その代償としてあなたは奥様より長生きし、その死を悼み悲しまなければなりませんでしたが」。彼はなにも言わず、わたしと握手して静かに診療室から出て行きました。たとえば犠牲を払った人の場合がそうですが、そこに意味があるとわかった瞬間、苦悩はどうかすると病気であることをやめてしまうのです。

もちろんこれは厳密な意味では治療とは言えません。なぜなら第一に、彼の絶望は病気ではなかったからであり、第二にわたしは彼の運命を変えることはできなかったからです。わたしは彼の妻をふたたび生き返らせることはできません。でもあの瞬間、少なくとも彼が自分の苦しみの中に意味を認められるようになったことによって、わたしは変更不能の自らの運命に対する彼の**態度**を変えさせることに成功しました。人間の主たる関心は、喜びを得たり苦痛を避けたりすることではなく、むしろ自分の人生に意味を見いだすことに向けられているというのは、ロゴセラピーの基本理念のひとつです。自分の苦しみに意味があると確信しているとき、人間が苦悩を甘んじてうける理由はそこにあります。

ただここで確認しておきたいのですが、意味を発見するために苦悩が**必要**だということではけっしてありません。わたしが言いたいのは、苦悩にもかかわらず意味は可能であるということです。この場合、当然のことながら苦悩が不可避であることが前提となります。苦悩を避けることが可能であるのなら、その原因が心理的なものか、生物学的なものか、政治的なものかに関わりなく、その苦悩の原因を取り去ることが意味ある方法でしょう。不要な苦悩を引き受けることはヒロイズムではなくマゾヒズムです。

亡くなるまで心理学の教授としてジョージア大学で教鞭をとっていたエーディト・ヴァイスコプフ＝ジョエルソンは、ロゴセラピーに関する論文で次のように指摘しています。「昨今の精神衛生思想は、人間は幸福でなければならない、不幸は適応障害の一症状であるという考え方が主流になっている。こうした価値観のせいで、不可避な不幸にともなう苦しみが、自分が不幸であることを嘆く不幸によってさらに増幅されてしまうのかもしれない」[5] またほかの記事では、ロゴセラピーは、「治癒不能な病気に苦しむ者が、自らの苦しみに誇りを感じ、その苦しみが人格を傷つけるものではなくむしろ高めてくれるものだと捉える機会がほとんど与えられないという、現代アメリカのある種の不健康な傾向に対抗する助けとなるかもしれない」[6] と述べています。

仕事をする、あるいは自分の人生を楽しむ、といったことができず、意味実現のための最初の二つの方法〔三十七ページ終わりから五行目以下参照〕が不可能な状況もあります。しかし苦悩だけは、どうしても避けられないものとして存在しつづけます。この苦しみを勇敢に引き受けるという挑戦を受けて立つことによって、人生は最後の瞬間まで意味を持ち、この意味は、文字通りいまわの際まで持続します。言い換えれば、人生の意味の実現に、条件は関係ないのです。避け得ない苦しみによってすら、意味を実現する可能性が潜んでいるからです。

わたしの強制収容所での体験でも、とりわけ心の奥深くに残っている出来事について述べましょう。当時、強制収容所で生き残れる可能性は、統計によればせいぜい一対二十八といったところでした。アウシュヴィッツに移送されたとき、わたしは自分の最初の本の草稿をコートの裏地に隠しておいたのですが、それを書き直して出版することなど、とうていあり得ないと思っていました。いずれわたしは自分の「精神の子」を失い、それを克服しなければならないかもしれない。どんな物もどんな人も、わたしの肉体と精神の子を生き残らせてくれるとは思えませんでした。こうしてわたしは、自分の人生は結局のところまったく意味がなかったのではという疑問に直面しました。

そのときには、このようなわたしの苦悩に満ちた問いに答えが用意されていて、ほどなく自分に与えられようとは夢にも思っていませんでした。しかし、自分の服を脱がされ、そのかわりにアウシュヴィッツ駅に到着直後にガス室に送られた別の被収容者のぼろぼろの服を受け取ったとき、それが起きたのです。自分の本の草稿を失ったかわりに、わたしに割り当てられたコートには一枚の紙が入っていました。それはヘブライ語の祈祷書を破った切れ端でした。ユダヤ人にとって、もっとも大切な祈り「シェマー・イスラエル」です〔「聞け、イスラエルよ」ではじまる旧約聖書申命記第六章四～九節の聖句を、熱心なユダヤ教徒は朝晩唱える〕。この「偶然」をどう解釈すべきかは明らかでした。それは自分の思想を単に紙に書きつけるのではなく、自分の思想を生きよと求められている、ということなのです。

その後しばらくして、自分がまもなく死ななければならないことがはっきりしてきました。でもこうした危機的な状況でも、わたしの心配の種は、収容所の多くの仲間たちとはちがうものでした。彼らの疑問は、「この収容所を生きて出られるだろうか？　もしもそうでなかったら、いまの苦しみはまったく意味がなくなってしまう」というものでした。それに対してわたしを苦しめていた問いはこうです。「わたしたちのこの苦しみと死のすべてには意味があるのだろうか？　そうでなかったら、生き残れたとしても、結局何の意味もなくなってしまう。その意味がそのような偶然に依存しているような人生ならば、命が助かっても助からなくても、そもそも最初から生きるには値しないのではないだろうか」

10 メタ臨床的な問題［独 Metaklinische Probleme ／英 Meta-Clinical Problems］

昨今では、わたしたち精神科医は、神経症の症状よりも人間的な問題を抱えて受診する患者と向き合うことが増えています。いま精神科医を訪れる人々の多くは、かつては牧師、司祭、あるいはラビのもとに行っていたのではないでしょうか。しかし彼らは聖職者のもとに行くようにと言われると拒否することもしばしばで、そのかわりに「わたしの人生の意味は何ですか？」という質問を医師に投げかけるのです。

11　あるロゴドラマ［独 Ein Logodrama／英 A Logodrama］

一つの事例をご紹介しましょう。あるとき、十一歳の息子さんを亡くされたお母さんが自殺未遂を起こし、わたしの科に回されてきました。同僚のクルト・コクレック博士が彼女をセラピーグループに招いてサイコドラマ（心理劇）をしている最中に、偶然にもわたしはその部屋に足を踏み入れました。彼女はちょうど自分の話をしているところでした。息子さんの死後、彼女には亡くなった息子さんより年上のもう一人の息子さんが残されました。彼は幼少時にかかった病気が原因で障害を抱えていました。気の毒なその少年は移動にも車椅子が必要です。母親は自分の運命を受け入れることができませんでした。しかし彼と一緒に自殺をしようとしたとき、それをやめさせようとしたのは、障害を持つその息子さんでした。彼は生きたかったのです！　彼にとって人生にはまだ意味がありました。彼の母親にとって、そうでないわけがありましょうか？　どうやったら彼女の人生にも意味が生まれるのでしょうか？　彼女にその意味に気づいてもらうために、わたしたちはどのように支援したらいいのでしょう?

わたしはこのディスカッションに参加し、グループの他の女性に即興で質問をしました。その女性に何歳かとたずねたのです。彼女は「三十歳です」と答えました。そこでわたしはこう応じました。「いえ、あなたは三十歳でなく八十歳で、死の床に横たわっています。それでは、あなたの人生を振り返ってみてください。子供はいなかったけれども、経済的にはこの上なく恵まれ、社会的な名声に浴した人生を」。それからわたしは彼女に、この状況でどう感じるか、想像してみてくださいと言いました。「あなたは何を考えるでしょうか? 自分自身に何と言うでしょうね?」このセッションの内容は録音されていたので、彼女が言ったことを文字通り再現してみましょう。「そうですね、わたしは億万長者と結婚し、とてもリッチで何不自由ない生活を満喫していました。何人もの男と浮気し、彼らの気持ちをもてあそんできました。でもわたしももう八十歳です。子供はいません。自分が老人になって人生を振り返ると、こうしたことのすべてが何のためだったのか、よくわからなくなりました。正直な話、わたしの人生は失敗だったと言わざるをえません」

それからわたしは障害のある息子を持つお母さんに、同じように想像して、自分の人生を振り返ってみましょうと申しました。テープに彼女の発言が吹き込んでありますので、再現してみましょう。「わたしは子供を持ちたいと思っていて、その願いは叶いました。息子の一人は亡くなりました。でももう一人の障害のある息子は、わたしが世話をしてやらなかったら、施設に入れられたでしょう。障害があり一人では何もできない子ですが、彼もわたしの息子であることに違いはありません。だからわたしは彼が十二分に自分の人生を生きられるようにしてやりました。わたしは自分の息子を、よりよい人間にしてあげたのです」。その瞬間、彼女ははげしく泣き出しましたが、泣きながらもこう言いました。「わたし自身は、安らかな心で自分の人生を振り返ることができます。自分の人生は意味に満ちていたと言えるからです。意味を実現するために、わたしは全力で取り組みました。自分の息子のために最善のことをしようと、自分のベストを尽くしたのです。わたしの人生は無駄ではありませんでした」。死の床で自分の人生を振り返るという視点に立ったとき、彼女は突然、そこに意味があるとわかりました。彼女が味わってきたあらゆる苦悩にも意味があったのです。また同時に、彼女の亡くなった息子さんのように短い生涯でも、喜びと愛に満ちあふれている可能性があり、八十年にわたる人生よりも多くの意味があるかもしれないこともわかりました。

しばらくしてから、わたしはグループの参加者全員に違う質問をしてみました。ポリオワクチンの開発のために使われるサルは、この目的のために何回も何回も注射針を刺されて痛い思いをするわけですが、サルはこの苦しみの意味を理解しているでしょうか？ グループのメンバーは、もちろん理解できるはずがないと異口同音に答えました。サルは知能が低いので、自分の苦悩の意味が理解できる人間の世界に入ってくることはできない、というのです。そこでさらにわたしはこのように申しました。「では人間はどうでしょう？ 人間の世界は、宇宙の進化の終点なのでしょうか？ さらにその先の次元がある、人間の苦悩の究極の意味に関する問いに答えが見いだせる、人間の世界の向こう側の世界があるとは考えられないでしょうか？」

12 超意味 ［独 Der Über-Sinn ／英 The Super-Meaning］

人間の限られた知的能力を上回り超越する、最後にして最高の意味を、ロゴセラピーの文脈では超意味と呼んでいます。人間に要求されているのは、多くの実存主義の哲学者が教えているように、人生の無意味さに耐えることではなく、むしろ、人生の無条件の意味深さを理性で把握する能力が自分に欠如していることに耐えることです。**ロゴス**はロジック（論理）より深いのです。

もっとも、超意味の概念に取り組む精神科医は、遅かれ早かれ自分の患者に当惑させられることでしょう。当時六歳ぐらいだった娘に問いかけられたわたしが、ちょうどそんな感じでした。「どうしてみんな『**よき神**』って言うの？」そこでわたしは答えました。「このあいだ、きみははしかにかかったよね。でも『**よき神**』がまた健康にしてくださったじゃないか」ところが幼い娘はこの答に満足せず、こう言いました。「そうね、パパ。でも最初にわたしをはしかにかからせたのも神さまだってことを忘れないで」

けれども患者が強い信仰心を持っているのであれば、その人の宗教的信念にはたらきかけて、精神的な能力を引き出すことができるでしょう。そのためには、医師は患者の立場に立ってみるとよいでしょう。東欧出身のユダヤ教のラビがわたしのところにきて、自分の話をしたときに、わたしはまさにそのことをしました。彼は最初の奥さんと六人のお子さんをアウシュヴィッツ強制収容所のガス室で亡くしたのですが、今度は、二番目の夫人が不妊症だと判明したというのです。わたしは子供をもうけることが人生の唯一の価値とは思わないと彼に言いました。そう考えないと、人生そのものが無意味になってしまうからです。そして、無意味なものは、それを単に継続することによって意味のあるものに変わりはしません。しかしそのラビは、正統派のユダヤ教徒として、自分の死後に自分のためにカディーシュ(7)を唱えてくれる息子がいないことを受け入れられませんでした。

しかしわたしはあきらめませんでした。彼を救う最後の試みとして、わたしは彼に、あの世で子供たちに再会したいと望んでいるかどうか質問しました。ところがわたしの質問を聞いたとたん、彼は泣き崩れ、彼が絶望しているほんとうの理由がはっきりしました。無辜《むこ》の殉教者(8)として亡くなった子供たちは、天国でもっとも高い場所にあげられるのにふさわしいが、罪深く年老いた自分は、そのように高い場所にあげられることは期待できないというのです。わたしは引き下がらず、こう応じました。「ラビ、それこそがあなたが生き残った意味だと考えられませんか。あなたは何年にもおよぶ苦しみを経て清められたのですから、あなたのお子さんのように無辜ではないにせよ、天国で彼らの近くに行くのにふさわしくされたのではないでしょうか？　詩篇に、神はあなたのすべての涙を蓄えられるとあるではないですか？(9)　あなたの苦しみも、まったく無意味だということではないはずです」。これまで長年にわたってなかったことですが、彼ははじめて苦しみが軽くなったと感じました。苦しみを新しい視点から見られるようになったからです。

13 人生のはかなさ［独 Die Vergänglichkeit des Lebens／英 Life's Transitoriness］

苦しみだけでなく、死も、人生から意味を奪うように見えます。でもわたしは、人生においてほんとうに過ぎ去ってしまうものは**可能性**だけだと、何遍でも飽きずに言いつづけるつもりです。しかしこの可能性というものは、ひとたび実現すると、その瞬間から現実に変わります。そうなることで可能性は過去のものとなり、救われます。過去の中では、それははかなく過ぎ去ってしまうことなく、守られています。なぜなら過去においては、何ものも取り返しがつかないかたちで失われることはなく、すべてが最終的に保存されるからです。

わたしたちの実存が過ぎゆくものであるということは、実存をけっして無意味なものにしません。しかしそれはわたしたちに責任性を要求しています。なぜなら、わたしたちが本質的に一時的ではかない可能性を、現実のものにできるかどうかに、すべてがかかっているからです。人間はたえまなく、自分の目の前にある可能性について決定を下さなければなりません。そのうちのどれを非実在と運命づけ、どれを実現すべきでしょうか？　どの決定が永久的に現実となり、過ぎ去ることなく、「時間の砂に足跡を残す」のでしょうか？　人間はすべての瞬間に、何が自分の人生のモニュメントとなるべきか決定を下さなければならないのです。

通常、人は切り株だらけのはかない畑だけを見て、中身がいっぱい詰まった過去の穀物倉を見過ごしています。そこに納めることで、人は自分の行い、喜び、そして苦悩をも、永遠に救ったのです。そこにあるどんなものも、起こらなかったことにすることはできず、奪い去ることはできません。「過ぎ去った存在」は、存在のもっとも確実なかたちだと言えます。

人間存在は基本的に過ぎ去るものだと考えるロゴセラピーは、悲観的なのではなく、むしろ積極主義的です。比喩を使って説明してみましょう。悲観主義者は、日めくりカレンダーを毎日切り取り、過ぎ去った日の分だけ薄くなっていくカレンダーを鬱々と不安げに眺めている人間に喩えることができましょう。しかし人生の課題を積極的にこなしている人は、ちぎりとったカレンダーの一枚一枚を注意深く整理し、裏側に日記がわりのメモを書きつけて過去のすべてのカレンダーと一緒に保管している人のようです。彼は誇りと喜びをもって、そこに記録した豊かな財産、存分に経験した人生のすべての時間を思い起こすことができます。自分が年をとったと気づいても、それがどうだというのでしょう？若い人をうらやんだり、無為に過ごした青春時代を悲しい気分で考えたりする理由がありますか？　なぜ若い人をうらやまなければならないのでしょう？　若者の可能性、若者の前に開けた将来がうらやましいのでしょうか？　「いえ、もうけっこう」と彼は言うでしょう。「わたしは可能性のかわりに、自分の過去の穀物倉に現実を保管しています。わたしが完成した作品、わたしが与え、受け取った愛という現実だけではなく、わたしが毅然として立ち向かった苦難の現実もです。この苦難は人がうらやむようなものではありませんが、わたしはそれをもっとも誇りに感じています」

14　技法としてのロゴセラピー［独 Logotherapie als therapeutische Methode 英 Logotherapy As a Technique］

死に対する恐怖のようなリアルな不安は、精神力動的な解釈によって鎮静することはできません。また、たとえば広場恐怖症のような神経症的な恐怖も、哲学的な説明によって治すことはできません。しかしロゴセラピーはこうした症例に適用できる特殊な手法を開発しました。この方法はどんなものなのか理解するために、まずは神経症の患者にしばしばみられる状態、すなわち予期不安から話を進めていきましょう。この不安の特徴は、患者が恐れているまさにそのものによって不安が呼び覚まされるということです。たとえば大きな部屋に入り、たくさんの人の前に立ったときに顔が赤くなることを恐れている人は、こうした状況下では実際に赤面する傾向があります。「願望は思想の父である」ということわざをもじって「不安は事件の母である」と言いたくなるくらいです。

皮肉な話なのですが、不安がまさに恐れていることを引き起こすのと同じで、過度の努力は人が強く望んでいるまさにそのことを不可能にしてしまいます。この過度の意図のことをわたしは「過剰志向［Hyperintention, hyper-intention］」と呼んでいますが、これは特に性的神経症の場合に顕著です。男性であれば、自分の性的能力を見せつけようとすればするほど、女性であれば、オルガスムに達する能力がすぐれていると示そうとすればするほど、ますます目的を達成できなくなります。快楽は本来、副次的な効果にとどまるべきものです。ところがそれ自身が目的になってしまうと、快楽は損なわれ、破壊されてしまいます。

ここまで説明してきたような過剰な意図のほかに、過剰な注意、ロゴセラピーの用語では「過剰自己観察［Hyperreflexion, hyper-reflection］」も病原となる、すなわち病気を引き起こすことがあります。例を挙げて説明してみましょう。ある若い女性がわたしのもとにやってきて、自分は不感症だと訴えました。問診をする過程で、彼女が子供時代に父親から性的な暴行を受けていたことが明らかになりました。しかし彼女の性的神経症の引き金となったのはこのトラウマ体験そのものではないことは、容易にわかりました。どういうことかと申しますと、この患者は一般読者向けの精神分析関連書を読み、幼少時のあの恐ろしい体験がいずれなんらかの影響をもたらすにちがいないと、つねにびくびくして生活していたのです。この予期不安は、自分の女らしさをアピールしようという過剰な意図へと発展し、パートナーのことよりも自分自身に注意力が集中してしまうという結果になりました。これは、性的愉悦の頂点に達する能力を患者から奪うのに十分でした。オルガスムスはパートナーにひたむきにのめり込んだことによる自然な帰結ではなく、故意の対象、観察の対象となっていたのです。ロゴセラピーの面談を数回ほど行っただけで、患者の過剰な自己観察と、オルガスムスに達する能力をアピールしようという意図は「過剰自己観察消去（脱反省）[dereflektiert, dereflected]」されました。この「過剰自己観察消去」というのはもう一つのロゴセラピー用語です。患者の注意がふさわしい対象、すなわちパートナーにふたたび向けられたとき、オルガスムスは自然にやってきました。[10]

「逆説志向 [paradoxe Intention, paradoxical intention]」というロゴセラピーの技法は、二つの事実に基づいています。不安はそのことで不安を覚えたまさにそのときにあらわれるということ、そして、過剰志向は自らが望んでいることを妨げるということです。わたしはすでに一九三九年に逆説志向について述べています。[11] このアプローチでは、病的恐怖症の患者に対し、一瞬だけでいいから、自分が恐れているもののことをありありと思い描くように促します。

ここで一つの事例をご紹介しましょう。ある若い医師が、汗をかくことが心配でたまらないと診察を受けにきました。汗がどっと噴き出すのではないかと不安に思っただけで、予期不安が過剰な発汗の引き金となってしまうのです。この悪循環を断ち切るために、わたしはその患者に、もしも汗をかきそうになったら、どのくらいいっぱい汗をかくことができるか、まわりの人たちに見せつけてやりなさい、とアドバイスしました。一週間後にふたたびやってきた彼の報告によると、彼は自分の予期不安の引き金となる人に会うたびに、「前は一リットルしか汗をかけなかったから、今度は十リットルの滝のような汗をかいてみせるぞ!」と自分に言い聞かせたのだそうです。その結果、四年間もずっと発汗の恐怖におののいていたというのに、一回の面談を行っただけで、一週間後にはその症状から完全に解放されたのでした。

読者の皆さんはお気づきでしょうが、この手法では患者の考えを逆手にとって、不安を逆説的な願望で置き換えます。この方法によって、不安の「帆」をはらませていた風がやむのです。

しかしこうしたやり方が成立するためには、ユーモアのセンスに見られるような、自分自身を突き放してとらえるという人間ならではの能力が必要になります。この自分を一定の距離を置いて見るという能力が、ロゴセラピーが逆説志向を適用する際の基本になります。同時に患者は、自分の神経症とも距離を保つことができるようになります。似たような説明が、ゴードン・W・オールポートの著作 *The Individual and His Religion*〔『個人とその宗教』〕にもあります。「自分を笑うことを学んだ神経症患者は、すでに自己管理の途上にある、あるいは回復の途上にあると言えるかもしれない」[12]。逆説志向は、このオールポートの指摘を経験によって裏づけ、臨床に適用したものです。

さらにいくつか事例を挙げて、この技法をくわしく説明していきましょう。次に紹介する患者は簿記係で、複数の医師と病院で診察を受けましたが、はかばかしい回復が見られませんでした。わたしの科に回されてきたときには極端な絶望状態で、自殺を考えるほど追い詰められていると告白していました。彼は数年前から指の痙攣に苦しんでいたのですが、最近はその症状がいっそう悪化し、仕事を失うかもしれないと恐怖するまでになっていたのです。このような状況で彼を救えるのは、即効性のある短期治療しかありません。

治療をはじめるにあたり、担当医のエヴァ・コッデラ博士は、これまでとまったく逆のことをするようにと患者に指示しました。できるだけきちんと読みやすい字を書くかわりに、思いっきり乱暴に書き殴るようにしてくださいと言ったのです。「わたしがどれほど悪筆か、みんなに見せつけてやるんだ！」と自分に言い聞かせるようにと。ところがわざと下手に書き殴ろうとしたとたん、彼はそれができなくなりました。「下手くそな字を書こうとしたのですが、どうしてもできないんですよ」。翌日、彼はそう言っていました。たった四十八時間でこの患者は指の痙攣が治り、治療の終結後もその状態を維持しています。彼は平穏な生活を取り戻し、仕事も完全にこなせるようになりました。

書くことではなく話すことに関する類似の事例を、ウィーン総合病院の耳鼻咽喉科の同僚が報告しています。長年臨床に携わってきたその医師が経験した中でも、もっとも深刻な吃音《きつおん》の事例です。この患者は記憶に残っているかぎりで人生の全期間を通じ、たった一回の例外をのぞき、つねに吃音に悩まされてきました。その例外は、十二歳のときに路面電車に不正乗車したときに起こりました。車掌に取り押さえられたとき、とっさに彼は車掌の同情を買えば放免してもらえるのではないかと考えたのです。それで自分はかわいそうな吃音の男の子だと訴えようとしました。ところが彼がつっかえつっかえ話そうとしたとき、それが不成功に終わったのです。自分で意識的に行ったわけではありませんが、彼は知らないうちに逆説志向を使っていたのです。もっとも、治療目的ではありませんでしたが……

このようにお話しすると、逆説志向は単一症状の事例にしか効かないのではと思われるかもしれません。けれどもこのロゴセラピーの技法を使って、ウィーン総合病院の同僚たちは、長引いている重度の強迫神経症にも効果を上げることができました。たとえば、六十年間も洗浄強迫に悩んでいた六十五歳の女性のケースがあります。エヴァ・コツデラ博士は、逆説志向を用いてロゴセラピーによる治療を行いました。すると二ヶ月後に患者はごくふつうの生活を送れるようになったのです。総合病院の神経科に入院する前に彼女は「生きることはわたしにとって地獄のようなものです」と言っていました。強迫性の細菌恐怖のために、ついにベッドから出ることができなくなり、家事すらできない状態だったのです。彼女がこの症状から完全に解放されたというのは言いすぎでしょう。というのも強迫観念にとらわれる可能性は依然としてあるからです。でもいまでは彼女は「それを笑い飛ばすこと」ができるようになりました。つまり逆説志向を自分に使うことができるようになったのです。

逆説志向は睡眠障害にも適用できます。不眠の恐怖[13]は結果として寝ようという過剰志向を引き起こし、そのために患者はほんとうに寝つけなくなってしまいます。この特殊な不安を克服するために、通常わたしは患者たちに、寝ようとがんばらずにその逆のことをするように指示し、できるだけずっと起きていなさいと言います。不眠の予期不安から生じる、寝ようという過剰志向を、寝ないようにする逆説的な意図に置き換えるのです。そうするとすぐに寝入ることになるでしょう。

この逆説志向は万能薬ではありません。それでも強迫的な病的恐怖を治療する有効手段として使えます。特に、予期不安が根底にある場合はそうです。また逆説志向は、短期治療にも適しています。しかし短期治療であっても一時的な効果しかないとはかぎりません。故人となってしまったエミール・A・グートハイルは、「フロイト正統派によく見られる偏見」の一つは、「成果の持続性は、治療期間と相関性がある」[14]と考える点にあると指摘しています。わたしのファイルには、たとえば二十年以上前に逆説志向の治療をうけた患者さんの記録が残っています。これほど時間がたっているのに、治療の効果はいまだにつづいています。
もっとも注目すべき事実の一つは、逆説志向の有効性が当該事例の病因学上の背景に依存しないという点です。エーディト・ヴァイスコプフ＝ジョエルソンは次のようにはっきりと述べています。「伝統的な心理療法は、治療行為は病因の所見に基づいていなければならないと主張しているが、幼児期に特定の要因が神経症を引き起こすことがあり、成人してからこれとまったく異なる要因がその神経症の症状を軽くすることもある」[15]
神経症の実際の因果関係に関して言えば、先天的な要素を除外すると、身体的な性質のものであろうと心理的な性質のものであろうと、こうした予期不安のようなフィードバック機構は、重要な病原となります。ある一定の症状が病的恐怖症を引き起こし、この病的恐怖症がある症状を引き起こし、その症状が病的恐怖症を強化します。似たようなプロセスは強迫性障害でも観察されます。この場合、患者は自分につきまとう考えと戦おうとします。[16] しかしまさにそうすることによって、患者につきまとう考えは強化されてしまいます。なぜなら圧力というものは逆圧を呼ぶからです。こうしてふたたび症状が強化されます。けれども患者が自分の強迫観念と戦うのをやめ、逆説志向を使ってユーモラスにそれをからかうような気持ちになると、悪循環が断ち切られ、症状が弱まって、ついには完全に消えてしまうのです。症状を呼びよせたり、おびき出したりする実存的空虚感が関係していない幸運なケースなら、患者は自分の神経症的な不安を笑って観察できるようになるばかりでなく、最終的にそれを無視することに成功するでしょう。

これまで見てきたように、予期不安は逆説志向で克服できますし、過剰志向も過剰自己観察も、過剰自己観察消去で治療できます。ただしこの過剰自己観察消去は、患者が人生における自分の使命と課題に向き合った場合にのみうまくいきます。(17)

それが自己憐憫《れんびん》というかたちであれ、自分自身への嘲りというかたちであれ、神経症患者が自分自身に関心を持っているかぎり、悪循環は断ち切れません。

15　集団的神経症　［独 Die kollektive Neurose ／英 The Collective Neurosis］

いつの時代にも集団的神経症はあり、いつの時代もその問題を解決するために独自の心理療法を必要としています。わたしたちの時代の集団的神経症である実存的空虚感は、ニヒリズムの私的かつ個人的なかたちだと説明されましょう。なぜならニヒリズムは、存在には意味がないとする立場だと定義できるからです。しかし心理療法は、現代における虚無主義的な哲学思潮の作用と影響から一定の距離を保っていないと、この状況に大々的に立ち向かうことはできません。そうでないとセラピーそのものが集団的神経症の一症状となり、治療手段となりえないからです。そうなると心理療法が虚無主義的な世界像を反映してしまうばかりでなく、たとえそのような意図がなく無意識であったとしても、患者に対して、人間の真の姿ではなくて人間の戯画を見せるようなことになってしまうでしょう。

特に危険なのは、「……以外の何ものでもない」という表現です。つまり、人間は生物学的、心理学的、社会学的諸条件の帰結、あるいは遺伝と環境の産物以外の何ものでもないとする理論です。こうした人間像は、神経症患者に（そうでなくてもその傾向があるのに）、自分は外的・内的な諸状況の無意志の産物、犠牲であると思い込ませることになります。こうした神経症をめぐる運命論は、人間は自由であることを否定する心理療法によってさらに支持され、強化されてしまいます。

もちろん、人間は有限の存在であり、その自由には限度があります。自由と言っても、それは条件からの自由ではなく、この条件に対して自らの態度を表明する自由です。以前にわたしは講演でこのように述べました。「神経学と精神医学という二つの専門分野の教授として、わたしは人間がどれほど生物学的、心理学的、社会学的諸条件に支配されるかを十分に知っています。しかしわたしは二つの領域の教授だというだけではなく、二つの強制収容所の生き残りでもあるのです。その経験から、わたしは、人間には考えうるかぎりで最悪の条件にも立ち向かう驚くべき能力があると証言できます」

16 汎決定論批判 ［独 Kritik des Pandeterminismus ／英 Critique of Pan-Determinism］

精神分析は、そのいわゆる汎性欲主義によってしばしば非難されました。わたし個人としては、当時のこの非難が正当なのかどうか、いささか疑問に思っています。しかしわたしがもっとまちがっていて危険であると考えている仮説があって、それをわたしは「汎決定論」と呼んでいます。わたしがここで言わんとしているのは、どんな状況に遭遇しても、なんらかのかたちで自らの態度を表明するという人間の能力を無視しているかのような人間像を標榜《ひょうぼう》する立場です。ある条件に屈するのか抵抗するのかという場面で、人間は完全に条件に左右され決定づけられるのではなく、自分で決めることができます。別の表現で言えば、人間は究極的には、自己決定ができる存在なのです。人間はただそこにいるだけなのではなく、つねに自分の実存の今後を決め、次の瞬間に自分がどうなるかを自分で決めているのです。

同じ理由から、すべての人間存在は、あらゆる瞬間に自らを変える自由も持っています。

だから人間の将来は、統計調査の大まかな枠組みの範囲内でしか予測できません。それに対して個々の人格は、原則的に予測不可能です。すべての予測の基礎として役立つのは、せいぜい生物学的、心理学的、社会学的諸条件でしょう。しかし人間存在の大きな特徴は、こうした諸条件を超越し、それを越えて成長する能力です。人間は、それが可能であるなら、世界をよりよいものに変え、それが必要であるなら、自らをよりよい存在に変えることができるのです。

Ｊ博士の例をここでご紹介しましょう。彼はわたしが生涯に出会った中で、メフィストフェレスのような悪魔的存在だと思った唯一の人物でした。当時の彼は「シュタインホーフ（ウィーンの大きな精神病院）の大量殺人犯」として知られていました。ナチスが安楽死計画を開始したとき、彼はそのすべてを掌握していて、精神病患者を一人残らずガス室送りにするため、何かに取り憑《つ》かれたように奔走していました。戦後ウィーンに戻ってきたわたしは、Ｊ博士がどうなったかたずねました。「ロシア人に捕まり、シュタインホーフの独房に監禁されたのですが」とある人が教えてくれました。「その次の日に独房のドアが開けっ放しになっていて、Ｊ博士の姿はありませんでした」

わたしは、ほかにも同様の例がたくさんあったので、彼も同志の支援を得て南米に逃亡したのだろうと確信しました。ところがずっとあとになってからの話ですが、オーストリアの元外交官がわたしの診察を受けにきたのです。彼は鉄のカーテンの向こう側で長年にわたって抑留され、最初はシベリアに、そしてその後は悪名高いモスクワのルビャンカ刑務所に収容されていました。この人の神経症の診察をしているときに、彼は突然、J博士を知らないかとわたしにたずねました。わたしが知っていると答えると、彼はこう言いました。「ルビャンカ刑務所で彼と知り合いになりましてね。あそこであの人は亡くなりました。四十歳ぐらいの時で、死因は膀胱ガンです。でもそれまでのあいだ、彼はわれわれの最高の仲間でした！　わたしたち全員を慰め、一生懸命になって励ましてくれたのですから。まるで聖人みたいな人で、わたしの長い刑務所生活で最高の友人でしたよ！」

これが「シュタインホーフの大量殺人犯」J博士の物語です。わたしたちは、ある人間の行動を予測することができるのでしょうか？　機械や自動装置の動きは予測できるかもしれません。人間の心（プシケ［psyche］）のメカニズムや「精神力動」も、あるいは予想できるかもしれません。しかし人間の内部にはプシケ以上のものが存在するのです。

ただし自由がすべてではありません。自由は物語の一部、真実の半分にすぎません。自由はある現象全体のネガ側で、そのポジ側は責任性です。自由は、責任性という意味において活かされないと、単なる恣意性に堕落してしまう危険がつねにあります。わたしがアメリカの聴衆の皆さんに、東海岸に「自由の女神」があるのだから、西海岸に「責任の女神」を建設したらどうでしょう、とよく言うのはそういう理由からです。

17　精神科医としての信条 ［独 Das psychiatrische Credo ／英 The Psychiatric Credo］

ある人間から完全に自由を奪い去ることはできません。神経症であっても、精神病にかかっている場合ですら、（たとえわずかであったとしても）人間には自由が残っています。患者の人格のもっとも奥にある核の部分には、精神病すら影響を与えることはありません。

不治の精神病を病んでいる患者は、有用性を失うかもしれませんが、人間存在としての尊厳は失われません。それがわたしの精神科医としての信条です。この信条なしには、わたしは精神科医である価値はないと思っています。わたしは誰のために精神科医をしているのでしょう？　もはや修理できない欠陥品の脳という機械のためでしょうか？　もしも患者がそれ以上の存在でないのなら、安楽死が正当化されてしまうのではないでしょうか。

18 精神医学における人間性の復活 [独 Rehumanisierte Psychiatrie 英 Psychiatry Rehumanized]

あまりにも長い間――ほとんど半世紀もの間――精神医学は人間の精神を単なるメカニズムと理解しようとし、その結果、精神の病の治療法を単なる技術として理解しようとしてきました。しかしこの夢ははかなく消えてしまったとわたしは思います。いま地平線にくっきりとその輪郭をあらわしたのは、心理学的医学ではなく、むしろ人間的な精神医学です。

しかしいまだに自分を一種の技術者だと思い込んでいる医師は、自分の患者たちの中にある機械を見ようとするばかりで、あらゆる病気の背後にある人間存在を認めようとしません！

人間は数ある「もの」の中の一つではありません。**もの**は互いを規定しますが、**人間**は最終的に自分で決定を下します。（自らの天分と環境の定める範囲内で）自分が何になるかは、その人自らが決めるのです。強制収容所という、あの現実に存在した実験室、試験場において、わたしたちは、一部の仲間たちがまるで豚のように行動し、その一方で他の仲間たちが聖人のようにふるまうのを目撃しました。わたしたちの内部にはこの二つの可能性があるのです。そのうちのどちらが現実となるかは、条件ではなく決心にかかっています。

わたしたちの世代は現実主義的です。人間が現実にどんな存在であるかを知っているからです。結局のところ、人間はアウシュヴィッツのガス室を考案した存在です。しかしこのガス室に、主の祈りやシェマー・イスラエルを唱えながら、毅然と頭をもたげて入っていったのも人間なのです。

心理療法における精神の問題について(18)

心理療法における精神の問題を明らかにしようとするのであれば、まずはどのような精神史上の発展傾向があるのか、現代の心理療法の流れを科学史の観点から調べることが望ましい。ここで私たちが見いだすのは、歴史を代表する**精神分析**と**個人心理学**という二大体系である。これらの学説の立場から見た神経症の主要な所見はどのようなものかと問うてみると、次のことがわかる。精神分析家にとっては、神経症の症状が発現する主要な契機は**抑圧**、すなわち特定の意識内容の無意識化である。したがって精神分析の治療原則は、主として、抑圧を解くために「意識させること」にある。この精神分析の治療法の基本的特徴が典型的にあらわれているのは、フロイトの「エス［Es］がある場所を、自我［Ich］にしなければならない」という発言だろう。彼がゾイデル海の干拓に喩えた行為である。それに対して私たちの見るところでは、個人心理学の治療法では、神経症の症状は、アドラーの妥協［Arrangement］という概念に基づいて、責任を転嫁しようという個人の試みと解釈されている。したがって精神分析の見解によれば、神経症の症状があらわれるということは、「意識する存在［Bewusst-Sein］」としての自我がなんらかの形で制限されており、個人心理学の見解によれば、「責任ある存在［Verantwortlich-Sein］」の弱体化が起こっているのである。

人間存在の基盤の最深部に思いをいたすと、次のような人間学の公式が導き出される。**「自我存在［Ich-Sein］」とは「意識存在」であり「責任存在」である。**[19]

この人間学の基本公式に照らして考えると、精神分析もしくは個人心理学は、それぞれ人間存在の一方の側面に注目し、そこから強引に神経症的な事象を解釈しようとしていることが明らかである。しかしそのことは同時に、この二つの体系はまったく偶然に生まれたのではなく、むしろ科学理論の法則と存在論の必然から、生まれなければならなかったのであり、この観点からすればその一面性と対照性は、実際には補完関係にあることを意味している。

しかしこの二学説が互いにまさに補完しあっているのは、私たちが想定した前述の**人間学的出発点**だけではなく、人間の内面生活の基本見解における**方法論**も同様である。すなわちいずれの説も、現象として心にうつった現実を制限するという罪を犯している。質料［material］の観点に立つ精神分析はと言えば、心の欲求の内容に関しては、可能性としてリビドー的なものしか認めない。それに対して個人心理学の見解は、心的事象を形相的［formal］な観点で制限している。すなわち、さまざまな内容の欲求を認めてはいるが、神経症の形態を疑問視し、前述の妥協という概念の意味あいで、単なる見せかけの、目的のための手段と見なしている。[20] 実際にはもちろん、一般的な心の事象だけでなく神経症的事象においても、リビドーのみならずその他の欲求も重要であり、その一方で——個人心理学の見解とはちがうが——神経症の症状は目的のための手段であるばかりでなく（少なくとも一次的には）直接的な表現である。いずれにしても、この精神分析と個人心理学の関係は、その一面的で誇張に走りがちな心理学上の基本姿勢からして、結局、相互に補い合っているにすぎないと言えよう。

実際に意識的または無意識的にこの二学説の念頭にあり、いずれにしても暗黙のうちにその学説の内部に含まれている、人間学的出発点と方法論を超越する**世界観的目標**に関しては、私たちは確信をもってこう述べることができる。すなわち、精神分析的行為の最高規律は、一方では無意識の要求と現実の要請または拒否とのあいだの妥協、他方では衝動の現実への適合をはかることである。それに対して個人心理学の治療のモットーは、個人のあらゆる適合を越え、自我の側から現実を大胆に**形成すること**［Gestaltung］にある。（二学説を比較してきたが、ここではじめて補完的な対峙ではなく、前進的な段階的発展が見られる。）ここで自問してみたい。人を健康にさせようとするときに、適合と形成以外に、その人が足を踏み入れるべきもう一つの別の次元がないのだろうか？　あるいはこう言ってもいい——私たちの人間像は人間の心理的・精神的現実に添うべきものであると考えるとき、この人間像に組み込まれるべき究極のカテゴリーとは何だろうか？　すると私たちは、それは**成就**のカテゴリー、意味発見のカテゴリーかもしれないという見解に到達する。ここで注意しなければならないのは、人間の成就というのは、単なる人生の形成をはるかに越えているということである。つまり、その時その時の形成は外延的［exklusiv］であるが、成就または意味の発見はいわばベクトル的なのだ。意味の発見は、方向性をもち、人間個々人にゆだねられ託されて、今まさに実現することが肝要である価値の可能性に向けられている。その価値の可能性は、自らの実存の一回性と自らの運命空間の唯一性の中に生きる一人一人の人間が、実現しなければならないものである。したがって精神分析が**過去**と因果性に、個人心理学が**未来**と究極性の方向を向いているとすれば、この究極の心理療法は、基本的に**時間に制約されず、時間を超越したもの**、客観的価値という意味で絶対なるものに立ち戻っている。また個人心理学が、精神分析が考える単なる必然［Müssen］に、意欲［Wollen］（前述の「大胆な形成」）を対置させたとすれば、私たちはさらに問わなければならない。第三のカテゴリーの義務［Sollen］はどこにあるのかと。ほんとうにこの二学説においては、あのすべての一連の努力がなおざりにされていたのだろうか？　この努力は、個人心理学のスローガン風に言えば「倫理的妥当性を求める努力［moralisches Geltungsstreben］」と表現できるだろう。倫理的妥当性を求める純粋で根元的な努力のことである。

心理療法のこうした権利の主張に、周知のようにフリッツ・キュンケルは歩み寄った。従来の精神医学に、ある精神医学の要請を持ち込んだのである。ここで私たちはマックス・シェーラーの定義を思い出す。それによれば、人間の救済は、可能なかぎりで最高の価値の成就の中にある。J・H・シュルツはかつて「より高次の存在価値層」について述べ、「そこに住み着いている者は、病気にならず、神経症にならずに、苦悩することができる」と言っている。人間存在のこの「より高次の」層を取り込み、そのために「深層心理学」と対比させて「高層心理学」と名づけられた、興味深いセラピーを行う心理学は、どこにあるのだろうか？　心的な事象、特に神経症の事象に関する理論で、心理領域を超越して、人間の実存の深層と高層のすべてを考慮し、そのために**実存分析**と呼ぶこともできる理論はどこにあるのだろうか？

そのような考え方は特に新しいわけではない。しかしここで重要なのは、クリーンな方法でこの思考を追求することであり、そうすることで実際の結果においても世界観の公正さが守られる。実存分析の患者に対する態度は、これなしには考えられない。心理療法家として開業し、同時に医師の資格も持つ者は、話が簡単だと言えよう。たとえばカトリック信者としての立場、あるいは政治的な価値判断といった世界観を前面に打ち出した上で心理療法を行っている者も同様である。しかしここにも固有の危険性が潜んでいる。この、意識的に価値を評価する心理療法のすべてにつきものの危険とは、医師としての純粋な行為の限界を踏み越えてしまう危険、治療において医師の個人的な世界観を患者にオクトロイ〔オクトロイ［Oktroi, Octroi］とは、物品入市税（市に入ってくる物品に強制的に課せられる税金）のこと。フランクルの文脈では「押しつけ」といった意味あいで使われている〕のように押しつけてしまう危険である。実際この点に関しては、長年にわたってくりかえし警告がなされている。早世したドイツ心理療法の先駆者の一人、ハンス・プリンツホルンは、「どの管轄官庁の名で……？」と質問している。開業している心理療法家が価値観を打ち出した治療を行う場合、管轄官庁はどこになるのだろうか、という意味だろう。V・ヴァイツゼッカーは、私たち心理療法家は「人間を形成するのではなく、人間を可能にする」べきであると述べている。またクレッチマーは、医師が聖職者のようになってしまうことを強く警告している。

しかしその一方で、世界観と価値評価を意識的に心理療法に取り入れるべきだという要求が、ますます喫緊《きっきん》の課題として私たちに突きつけられている。ガウガーもこのことに直接言及して、「人間存在の意味づけに関する問いは、まさに心理療法の問いである」と述べ、「心の健康」を「人生の意味への問いに対する正しい答に他ならない」としている。J・H・シュルツは「神経症はまさに無意味な人生がもたらした症例である」と言っている。またC・G・ユングは、神経症を「意味が見つからない心の病」と特徴づけている。

このように見てくると、心理療法においては、世界観に基づいて意識的に価値を評価する態度がいかに必要かはっきりとわかる。他方で、私たちはそうした態度が可能なのか、前提としてこれまで述べてきた世界観の公平性とクリーンな方法論という観点から許されるものなのかを自問する必要がある。**価値評価の必要性とオクトロイの不可能性**というジレンマに直面し、私たちは一つの問題状況に行き着く。それはカントの模範的で歴史的な表現を借りれば、次のように言いあらわせるだろう。「価値を評価する心理療法としての心理療法はそもそも可能なのだろうか？」そして「価値を評価する心理療法としての心理療法は、どうやったら可能なのだろうか？」――つまり現代の心理療法の危機において必要なのは、ふたたびカント流に言えば、「価値を評価する心理療法としての心理療法が登場できるためのプロレゴメナ、すなわち序論」なのである。

しかし人間存在のもっとも深い意味内容、現象としてあらわれた人間の実存の事実内容について率直かつ包括的に考えることで、ここに述べたようなジレンマから私たちは救い出される。その手がかりについては、すでに実存分析の基礎の箇所で触れている。ただし、責任存在は、（自明の理である）意識存在と並び、人間存在の本質を成しているというのが、私たちの前提である。だが人間の責任性は、人間学の中心概念として考察されるが、倫理的な限界概念も意味する。すなわち倫理的には中立の概念である。もしも私たちがある人間に対し、その存在を完全なる責任存在として理解させた場合、そうすることでその人に彼の責任性を彼の実存の主要な理由として意識させた場合、それは彼にとってはすでに価値を評価する態度をとることに対する無条件の責務を含んでいる。換言すれば、自分の責任性を意識した人間は、まさにこの責任性ゆえに価値を評価することを強いられる。しかし彼がどのように価値を評価するか、どのような価値序列を行うかは、すでに医師の影響力の圏外にある。それどころか私たちは、彼が意識した責任性から出発し、さらに自発的におのれの個性に即した（エリアスベルクの表現を借りれば「親和性のある」）価値と価値の序列に向かって突き進むように要求しなければならないだろう。その一方で、私たちはこの具体的な態度表明もしくは個々の価値内容に介入することを断念しなければならない。[21]

この実存分析において、心理療法を行う医師によって患者が本質的な自分の責任性をはっきり自覚させられたなら、この医師は以下の二つの主要な質問の解決を患者自身にゆだねなければならない。（1）患者は**誰に対して**責任があるのか――たとえば自分の良心に対してか、それとも神の前で責任を感じるのか。（2）**何のために**責任があると感じるのか――たとえばどのような具体的な価値のために奉仕するのか、どの方面に自分の人生の意味を見いだし、どのような課題を遂行するのか。

これらの問いの解決は、いずれにしても患者自身にゆだねられている。そして患者が、心理療法の経過において自分の実存の意味を求める戦いを、人生の意味に対する問いを発するという形で私たちに打ち明けた場合、私たちは彼に対し次のことを自覚させなければならない。すなわち、結局のところ彼は問う者ではなく問われる者であること、つねに人生の意味を問う代わりに、問われている自分、人生につねに問いを投げかけられている人間、たくさんの課題のただ中に立たされている存在として自覚する方が、実存における責任性のそもそもの状況にかなっている。しかし心理学は、意味を取り出すことは、意味を与えることよりも、より高次の発展段階にあると教えている。私たち心理療法家は、患者に、それぞれの唯一かつ一回限りの人生から意味を引き出す能力、すなわち自力で意味を見つける能力を持たせなければならない。

以上で述べてきたことは、実存分析のいわば概論なので、さらに特別編によって補う必要がある。ここでは患者の多種多様な反論に対処するための技術、責任存在となることが重荷であると勘違いしている人の反抗、自由から逃避しようという態度を改めさせるための説得術を紹介する。特にここで必要なのは、責任性は人間存在の基本的特徴であることを明らかにすることで、できるだけ日常的な言葉で具体的に話して、一般人に深く理解できるようする。適切な比喩を用いることも場合によっては躊躇してはならない。以下で述べることは、世界観をめぐる討論を患者と交わした個人的経験から得た成果である。しかしそれは当然のことながら、開業医たる私のメモだけではなく、個人の経験が得てしてそうであるように、断片的かつ主観的なものも含まれている。

すでに述べたように、平凡な日常生活を送るごくふつうの人間に、その人の責任性を完全に意識させるために、私たちは彼に対し、あなたは個人的な苦悩を抱えているばかりでなく、その苦悩に打ち勝つ数多くの可能性も持っている個人なのだと教えてあげることができる。ここにいるXY氏、NNさんは、宇宙全体の営みの中でたった一度しか存在しない。彼または彼女がどのように人生を終えるか、何を行い、何を怠ったか、そうしたことすべては再びくりかえすことはなく、そこで終わる。彼らとその運命は、その都度一回きりで、誰も彼らからそれを奪うことはできない。達成されるべき課題は一回きりの課題で、その人だけに与えられたものだ。各個人固有の課題だと意識すると、その課題に対する責任感が自然と湧いてくる。それはときには使命感となる。困難と戦い、あるときは不可避な運命に耐える人間を強くしてくれるのは、たった一度きりの課題を抱え、それを実現できるのは自分だけでほかに代わりはいないのだという気持ちなのである。

あるいは患者に対して、自分の人生は小説であり、自分自身が主人公だと想像させることもできる。ただし小説中の出来事のつづきを進めていき、その次の章に何が起こるかをそのたびに決める役割は、完全に患者の手にゆだねることとする。その場合にも彼は、責任の重荷を感じて尻込みし、逃げ出すのではなく、無数の行動の可能性を前にして自由に決断するという、実存における本質的な責任性を経験するだろう。最終的にその患者に、人生の最期を迎え、自伝を書こうとしている自分を想像させたなら、私たちは彼自身の能動性にいっそう働きかけられるだろう。しかも彼はまさに今、現在の章を書いていて、まるで奇跡のように、変更を加える権利は彼の手に握られている。今このすぐあとに何が起こるかを、まったく自由に決定できるのだ……こうした比喩を用いても、自分の責任性を十分に感じて生き、行動するように患者を促すことができる。

神経症の事例においてすら、たとえ本人に意識されていなくても、責任性がその人の人格の根底に浸透していることが実証できる。なぜなら、多くの神経症患者の病的に増大した死の恐怖は、結局のところ良心の不安にほかならないからだ。私はあるガン恐怖症患者を担当したときに、彼が自分の将来の死にざまに強烈な関心をもち、ほとんどそれしか考えられないのは、彼が自分の現在の生きざまに無関心で、自分の責任を意識しない生き方をしていることの裏返しなのだと気づかせることができた。（多くの心気神経症患者は、この意味において、いわば「一般的な死の不安＝良心の不安」が個々の器官にあらわれたものと言える。）

しかし私たちが、私たちに信頼を寄せてくれる患者に、実存における彼の本質的な責任性を完全に気づかせたとしても、自由から逃げるための反論や口実はまだ数多く存在する。

人生の時間は有限であり、いずれ死がくるという事実を考えると、人生には意味がないのではないだろうかという主張を、私たちは何度も耳にしている。しかしその患者に次のような簡単な考察をはっきりと示すことで、これに反論することができる。すなわち、私たちの実存が時間的に制限されておらず、個々の行動をすべて好きなように先延ばしできるとしたら、それを今すぐすることはそれほど重要ではなくなる。なぜならその行動は明日でも明後日でも、百年後でもできるからだ。人生、すなわち行動の可能性には終わりがあるというまさにその事実が、時間を有効に利用し、行動の機会を無駄にしないことを私たちに強いる。人生と私たちの実存とに、一回きりのものとして意味を与えてくれるのは、死に他ならない。

しかし反論の根拠となるのは、私たちの実存の時間的な有限性だけなく、人間の能力と資質の制約もそうである。私たちはオールラウンドではなく不完全で、ジンメルが「人生の断片的な性格」と名づけたものの中にとらわれているという、いわば個別化の事実がある。しかしこの個別化を、意味を付与する原理ととらえることができるのなら、人生の意味に対する反論も論駁《ろんばく》できる。これも生物学から借用した簡単な比喩で説明しよう。多細胞生物は、生物学的な進化段階が低くなり、その個別細胞の差別化が低くなるにつれ、細胞の一つ一つが、より代替可能になる。ところが、階層的な細胞集団になっている高度に差別化された細胞になると、取り替えがききにくく、少なくとも無選択にほかの種類の細胞と取り替えることはできない。言い換えれば、その全能性を犠牲にして高度に差別化した細胞は、全体――すなわち分業の原理に基づく有機体――における重要性と意義深さを獲得するのである。同様のことが私たちの不完全性、一面性にも当てはまる。それこそが私たちという人間の唯一性、私たちの個性を形づくっているのである。モザイクの各パーツは、ほかのパーツと形と色がちがうために取り替えがきかないのと同様に、共同体における個人も、才能と能力が不完全で一面的であるがゆえに、高次元の全体の中で、絶対的な価値のある構成要素となるのである。（このようにして、共同体は――その感情的な所与性を越えて――義務を負わされたもの、人間存在における本質的な課題として正当化できる。）

もちろん、そのほかにも多くの反論があるだろうし、この種の世界観をめぐる議論の次元に患者と共にあえて踏み込んだ医師は、時としてこの反論に立ち向かう責任を負わされる。しかしそれは心理療法の一般的な問題と一般的な実存分析の基礎づけを考察する本論のテーマではない。そこで私たちは一般的な問いに戻り、心理療法をその世界観的結論にまで導く実存分析の試みが、従来の心理療法の技法に代わることは非常にまれで例外的であり、むしろ補足である（状況によっては重要な補足であるにせよ）ということをここで確認したいと思う。しかもそれ自体は、けっして新しいことではない。すぐれた心理療法家は誰でも、多かれ少なかれ臨床の場でこうした世界観的視点をすでに意識している。事実上（デ・ファクト）はそうなのである。しかし私たちの問いは、法令上（デ・ジュリ）もそうなのか、そしてどの程度までそうなのか、ということである。私たちは、心理療法と「精神的なるもの」との境界線を方法論によって定めようと尽力してきた。恣意的な越境の危険を排除するためだ。

　長いあいだ、世界観はつねに精神科医の行動の対象でしかなかった。人々は心理主義の誤謬《ごびゅう》に陥り、「世界観の精神病理学」について語ることすらできると考えていた。たとえば劣等感から悲観主義的・宿命論的世界像を導き出すことは、人生の意味を疑って絶望している人に対して、ヒ素治療によって体調を改善するように助言するのと同様、不適切な批評だとは思わなかったのである。必要なのは患者の人生観の内在的［immanent］な批評であり、それには、私たちが純粋な世界観の基盤に立って討議を開始する準備があるということが前提となる。だから世界観の心理療法は存在せず、そうしたものは先験的にけっして存在し得ない。もっとも、心理療法としての世界観は可能であり、すでに明らかにしたように、時にはそれが必要なこともある。したがって、論理主義によって哲学内部の心理主義を克服するのと同じように、一種の**ロゴセラピー**とでも言うべきものによって心理療法の内部にある従来の心理主義がもたらした偏向を克服することが重要になってくる。これはつまり、世界観の討論を――前述のように条件つきで限定的で中立的な形ではあるが――心理療法の治療全体に取り入れることである。すなわち実存分析の形がまさにこれである。それは人間存在の本質である、人間の責任性という明白な原事実〔Urtatbestand〕を出発点とし、患者の側からこの原事実をきちんと完全に認め、精神のよりどころを得させることを目指している。

実存分析を中心としたこのような心理療法の多くの事例は、「曖昧な」治療だと言われるかもしれない。状況によっては、この療法は患者の病気の具体的な原因にアプローチせずに患者を助けることもある。しかしどんな療法であれ、心理療法の大部分は曖昧であることを、私たちは知っている。最近では、心因性症状の発生と、その症状に適用する治療法とは必ずしも一致している必要はないことが、多方面で認められている。たとえばある種の皮膚のイボに対して、ただちに暗示療法を適用できることが知られているが、こうした事例には精神的な原因があると言っても、誰も本気にしてくれないだろう。またその一方で、単なる予期不安からくる悪循環に基づく不眠症の多くは、たとえそれが心的なものであると証明できる場合でも、薬剤を使ってこの悪循環を断ち切ることで、発生した状態のままで［in statu nascendi］、症状を取り除くことができる。今日では多くの経験豊富な心理療法家は、たとえば精神分析では病原だと見なされている「コンプレックス」は、程度の差こそあれどこにでもある現象であることを知っているし、精神分析の診断で神経症とされている症状の治療にもたびたび成功している。また私の確信によれば、個人心理学の多くの治療は、現実の対人関係を暴露することによってではなく、むしろ患者の道徳性に徹底的に働きかけることで効果を上げている。患者は医師に暴君だとか臆病者だとか決めつけられることにもはや耐えられなくなり、自分に残っている最後の力を振り絞って医師に言われた症状を克服しようとする。

述べてきたように、心因性症状と、適用される心理療法の不一致はいたるところで見られるので、実存分析に基づく心理療法は、ときとして具体性のない曖昧な印象の治療であることを理解し、認めなければならない。場合によっては実存分析による世界観へのアプローチ、精神的な側面からの治療努力が、いわば「より経済的」な方法だということもわかってきた。私は、強迫神経症の症状（いわゆる瀆神《とくしん》恐怖）に苦しんでいたある女性の事例をよく覚えている。相談所を訪れたとき、彼女は外国への移住を目前にしていた。時間的な制約があるため、本来の意味での治療はむずかしく、患者との面談は、主として世界観的立場を考慮したごく一般的な意見交換という形で進められた。この患者が移住の直前にもう一度相談所にきて、病気が「治った」と自分で宣言し、それは、例の症状に少なくとももはや「苦しんで」いないという意味らしいと理解した私は、非常に驚いた。どうしたら治ったのですかという私の質問に対する彼女の答を文字通りに引用しよう。「もうどうでもいいと思うようになったんですよ――以前は、人生は自分にとって義務のようなものだと考えていたんです」。もちろんこれは一例にすぎないが、かなり多くのタイプの神経症において世界観の変化がもたらす意義を、思いがけずはっきりさせる実験となった。

最後にこれまで述べてきたような実存分析という心理療法が、どのような事例に特に適合するかまとめてみたい。

1．診察にきた患者が、特に世界観にかかわる悩み、精神の不安定、人生の意味を探す戦いについて訴えているすべての事例。自分のすべての心の悩みを、精神の次元に移行させてしまうインテリタイプによく見られる。この場合、すでに述べたように世界観のオクトロイ（押しつけ）を避けながらも、私たちは中立が保てる範囲内で患者に関わることが許容されるし、またそうすべきである。

2．その人の精神の中核にアプローチすることによって、患者が急に変化を見せ、軽度の神経症の症状というバラストを船から海に捨てられるようになると期待できる事例では、実存分析の基礎に立つ「ロゴセラピー」の方法が適している。私たちに世界観に関するような議論をしかけてはこないが、そうした話をするだけの力があるように見える患者が、このケースである。（以前にこうした事例で、私がふと思いついたようにさりげなく世界観の問題や患者の人生観を話題にしたとき、彼は強い衝撃をうけたらしく、突然こう言って私をさえぎった。「それはネルヴス・レールムのことですよね、先生！」〔Nervus Rerum. ラテン語で、あらゆる努力の目標、もっとも重要な基礎といった意味。この患者は即座にむずかしいラテン語で反応するほどの能力を持っており、それが覚醒されたということであろう〕）

3. 基本的に克服しがたい事実、不可避な運命に悩んでいるすべての事例には、世界観に基づく問題提起を行う必要がある。障害者、回復の見込みのない病人、回避することのできない経済上の窮乏によって近い将来うつ病におちいると思われる人などがこれに当たる。こうした人々には、責任を意識した人生において重要なのは、諸価値を創造的に実現したり、体験（芸術や自然を楽しむ）を通して自己実現したりすることだけでなく、価値の実現可能性には究極のカテゴリーがあるという事実を教える必要がある。これを私たちは一般に「態度価値」と呼ぼうと思う。すなわち、永続的な、または、さしあたり回避できないような、きわめて運命的な状況に直面してどのようにふるまうのかと問うことで、価値を実現するチャンスはまだ生み出されるのである。運命を（「宿命的」と言われるような覆せない運命を）どのように受け入れるのか、それに負けてしまうのか、それとも毅然としていられるか——そこには個人的な価値（勇敢さ、勇気、尊厳）を実現する最後の可能性も含まれている。たとえば片足を手術で切断しなければならなかった人に、人生の意味は、うまく歩けることにあると思うか、人生は、四肢のいずれかを失ったことで無意味になってしまうほど価値の可能性が乏しいものだと思うか、真剣に質問してみるといい。彼は自分で思い込んでいたほど深く絶望する必要はないはずだ。経済的な困窮により、典型的なアパシーと不達成感におちいっている**失業神経症**とでも命名すべき事例においては、特に責任性と価値の可能性に関する哲学的考察が重要になってくる。なぜなら私たちは、心理学の経験から（特に若い失業者をみた経験から）、不本意ながら生じたありあまるほどの自由時間を、自由意志によって適切に選び取った精神的内容と目標設定で埋めることがいかに大切かを知っているからだ。

身体症状の背後にある**心的**原因を見るようになったとき、すなわち心因的症状を発見したときに、心理療法は産声を上げた。しかしここで重要なのはさらなる究極の一歩を踏み出すことである。神経症のあらゆる情動力学を越え、心因的症状の背景を探り、**精神的**な苦難にあえぐ人間を見て、本論の冒頭で触れた方法論的可能性によって、そこからその人を救い出さなければならない。[22]

原注

（1） 本テキストは、一九六二年刊行の *Man's Search for Meaning* に、当初は"Basic Concepts of Logotherapy"というタイトルで発表されたものである。

（2） これは戦後 Franz Deuticke 社から出版されたわたしの最初の本、*Ärztliche Seelsorge. Grundlagen der Logotherapie und Existenzanalyse*, Wien 1946 の原稿である。

（3） Magda B. Arnold および John A. Gasson, *The Human Person*, Ronald Press, New York, 1954, p.618

（4） 一次現象の結果として生じる現象。

（5） "Some Comments on a Viennese School of Psychiatry", *The Journal of Abnormal and Social Psychology*, Vol.51 (1955), pp. 701-703

（6） "Logotherapy and Existential Analysis", *Acta Psychotherapeutica*, Vol.6 (1958), pp. 193-204

（7） 死者のための祈り。

（8） ラビは"L'kiddush basbem"と言った。これは文字通りに訳すと「神の御名を崇めるために」殉じる人という意味である。

（9）「あなたはわたしの嘆きを数えられたはずです。／あなたの記録に／それが載っているではありませんか。／あなたの革袋にわたしの涙を蓄えてください。」（新共同訳聖書　詩篇第五十六章、九節）

（10）インポテンツの治療のために、前述のような過剰志向と過剰自己観察の理論に基づいて、ロゴセラピー独自の技法が開発された（Viktor E. Frankl, "The Pleasure Principle and Sexual Neurosis", *The International Journal of Sexology*, Vol.5, No.3 [1952], pp.128-130）。ロゴセラピーの原理を短く説明するのが目的の本書では、くわしい説明は省略する。

（11）Viktor E. Frankl, "Zur medikamentösen Unterstützung der Psychotherapie bei Neurosen", *Schweizer Archiv für Neurologie und Psychiatrie*, Vol.43 (1939), pp.26-31

（12）Gordon W. Allport, *The Individual and His Religion*, New York, The Macmillan Co., 1956, p.92

（13）不眠の恐怖は、多くの場合、生物は放っておいても必要最小限の睡眠を自然にとれるという事実を知らないことが原因となっている。

（14）Emil A. Gutheil, "Proceedings of the Association for the Advancement of Psychotherapy", *American Journal of Psychotherapy*, Vol.10 (1956), p.134

（15）"Some Comments on a Viennese School of Psychiatry", *The Journal of Abnormal and Social Psychology*, Vol.51 (1955), pp.701-703

（16）強迫観念に取り憑かれているのは精神病の兆候か、あるいはすでに自分が精神病なのではないかと考える患者の恐怖がしばしば引き金となる。患者は、強迫神経症はそのような危険をもたらすことはなく、むしろ経験的には精神病に対する免疫力を与えてくれるということに気づいていない。

(17) このわたしの確信は、オールポートの次のような発言に支持されている。「努力の焦点が葛藤から無私の目標へと移るとき、人生は、たとえ神経症が完全に消失しなかったとしても、全体としてより健全なものになる」(op.cit., p.95)

(18) このテキストは *Zentralblatt für Psychotherapie und ihre Grenzgebiete*, 10 (1938), p.33-45 に掲載されたものである。

(19) この二つの構成要素には、もちろんすべての精神機能と同様に生物学的な基礎づけがある。すなわち「意識存在」は明証感〔Evidenzgefühl〕によって支えられ、その一方で「責任存在」は個人の適確な本能〔Instinktsicherheit〕が頼りである。この二つの機能は、もともと強迫神経症的な性格の場合には、その生物層になんらかの衝撃を与え、個々の強迫症状を補整する作用があるらしい。しかし私たちは、強迫神経症患者は、生涯を通じて意識と責任感の過剰に悩まなければならないと考えている。

(20) デュッセルドルフでの個人心理学会(一九二六年)の席上で、著者は、神経症は一次的には表現であり、二次的に手段であると示そうと試みた。

(21) この見解は、多方面からの類似の発言によって裏づけられている。たとえばヤスパースは「決定する存在としての実存」について述べている。プファイファーはハイデガーとヤスパースについて書いた小冊子の中で、「究極のものとしての責任性」ときっぱりと表現している。特に心理療法に関連して、アラースは（ある講演の中で）心理療法を「責任性を認めさせる教育」であると定義している。前述のジレンマについて特に意識していたクローンフェルトは、神経症患者が「特に自分自身に対して責任を負う」ことを要求している。価値を評価する心理療法に関連して本文中で示唆した制約に関して、J・H・シュルツは「患者が、医師の働きによって、自分自身の実存、自分自身の世界、自分自身の責任を有する人間になる」ことを求めている。マイネルツも「……特定の価値を示し、回心させるのではなく、彼の価値、彼の人格にふさわしい可能性を貫き通す手伝いをする」ことを望んでいる。オズワルド・シュワンツはこの事情を（個人的なメモにおいて）非常に明快に次のように表現している。「私たちが与えるのは態度であって、内容ではない」

(22) 私は以前に、可能性として考えられる三段階の治療法を、偶然にも同じ一つの事例で適用することができ、多くを学ばされた。ある女性患者が、周期的にくりかえす典型的な内因性うつ病で精神病院に入院していた。症状が器質性のものに限られているので、通常の薬物治療（オピウム投薬）が行われた。ところが彼女が今にも泣きそうな興奮状態におちいったときに、心因性の要素がからんでいて、心理的な「上部構造」が存在することが偶然に明らかになった。患者は「泣かずにはいられないこと」があって泣いているという面もあったのである。不可避な内因性のうつ状態の発現が一般的な理由だったが、そればかりでなく彼女には心因性の気持ちの落ち込みがあった。この状況について患者に簡単に説明すると、泣くことが少なくなりうつ症状も軽くなった。身体への薬物治療から、すぐれた補助的心理療法への一歩が踏み出されたのである。心の苦しみを感じているときに、医師に理解されたことで、患者はきわめて普遍的な人生の問いをしばしば医師に打ち明けるようになり、その精神的な苦悩の全容が明らかになった。彼女は自分の実存の内容が乏しいと勘違いし、無意味だと感じていた。再発する内因性うつ病という運命のために、自分にはハンディキャップがあると感じていたのである。すぐにごく自然に世界観に踏み込んだ面談が行われるようになり、彼女は時間の経過とともに自分の存在は責任ある存在であると深く理解するようになった。こうして彼女は、自分のうつ病に絶望するのではなく、気分の変動があっても自分だけに与えられた課題に満ちた人生を築けると学んだばかりでなく、この運命的な気分変動の最中であっても、さらにもう一つの課題を見いだすことを学んだのである。それは、できるだけ体力と価値の喪失をわずかに抑えるように注意しながら、気分の変動とつき合っていくという課題だった。

解説

本多奈美
草野智洋

臨床に生きるロゴセラピー

本多奈美

1　はじめに

ロゴセラピーは、オーストリアの精神科医であるヴィクトール・E・フランクル（Viktor Emil Frankl, 1905-1997）が創始した心理療法です。本書はその基本概念をわかりやすくまとめたものです。

ロゴセラピーの基本理念を、私は以下のように理解しています。

人間には、「意味を果たしたい、意味あることをしたい」という「意味への意志」があります。そして、私たちの人生は意味の可能性にあふれています。その「意味」は運命づけられていたり、誰かから与えられたりするものではありません。意味は、人間が自分自身で一瞬一瞬選び取り、実現するものです。また、誰かから認められたり誉められたりする立派な仕事や業績にのみ意味が存在するのではありません。毎日の仕事に、日々の平凡な生活の中に、美しい夕焼けに感動するひと時に、優しいメロディに心奪われる体験に、あなたが誰かに向ける一瞬の微笑みに、こころ配りに、そして苦悩にさえ、意味は存在するのです。

それを選ぶ人間の意志は自由です。もちろん時代・国や文化・持って生まれた心身や遺伝子などの制約はあります。けれども、強制収容所の囚人にさえ、死ぬ間際の一瞬にさえ、「どのような人間でいるか」という自分の態度を選ぶ自由が残されているのです。

私の経験では、このようなフランクルの主張が「なるほど、そうだ！」とすんなり腑に落ちる人と、「きれいごとにしか聞こえない」「机上の空論じゃない？」といぶかしがる人がいるようです。

私自身は、日々の精神科臨床の中で、シンプルな理論ながらロゴセラピーがいかに力強いものを持っているかを痛感しています。意味を軸にしたセラピーによって、人間は回復し、意味をつかみ、それを実現する人生へと向かうのです。

しかし、その実際を人に伝えるのは難しいところがあります。ロゴセラピーにハウツーはありません。百人のロゴセラピストがいたら、それぞれのセラピーがあり、患者によっても異なり、同じ患者でも、ある時と別の状況では全く違うセラピーになるでしょう。一人の人間がこの世で唯一で一回限りの存在であることと呼応して、セラピーも唯一で一回限りなのです。

そのような限界はありますが、ロゴセラピーの理解のために、また、フランクル特有の言葉が生き生きした意味を持っていることを感じていただくためにも、ここでは、事例を通じてロゴセラピーをお伝えできればと思います。事例は、プライバシー保護の観点から、論旨に関連の薄い部分には改変を加えてあります。

2　事　例　（患者の言葉を「　」、筆者の言葉を〈　〉にて示す）

事例1

＃1（初回診察）：母親Aは号泣していました。AのこどもBには先天性の障害があり、治療や子育てに困難を伴いました。しかし夫は理解せず、夫の両親はBに暴力を振るい、傷ついたBは行動が荒れてAを混乱させたのです。気分の落ち込みに、他の病院で抗うつ薬が出されましたが効きません。しばらく話を聞いているうちにAは落ち着いたため、次にはＢを連れてきてもらうことにしました。

＃２：年齢に比べて体の小さなＢはうつむき、怯えていました。Ａは怒りながら、夫や義父母、Ｂへの不満を述べ、Ｂを責めます。私は二人と対面しながら、こどもの気持ちや成長を話題にし、〈どのようにするのがいいのでしょうね？　おかあさんにしかできないことがありそうですね？〉と呟きます。

ふと、画用紙とクレヨンを差し出すと、Ｂは黒いクレヨンを選びます。黒を選んだ小さな手に私は痛々しさを覚えます。

けれども、力を込めて書かれた漢字は堂々とした立派なものです。私が思わず〈しっかりしたいい字を書くなあ！〉と言うと、Ｂはうれしそうににっこりします。ＡもＢが努力してできるようになったことをいくつも教えてくれ、私が〈Ｂちゃんが伸びていく力を大切にしたいですよね〉と言うと、しっかり私の顔を見てうなずきます。

＃３：ふたりで仲良く来ています。Ａから、夫が自分に暴力を振るったため、家を出て実家に身を寄せ、離婚を決意したことが報告され、私は驚きます。Ａは「この子が明るくなって良かった」と言い、問題行動を起こさなくなったＢは、おだやかな笑顔を見せます。

＃４：Ａは、Ｂの通学の送り迎えをしながら、仕事をふたつ掛け持ちして頑張っていると報告されます。Aは抗うつ薬が不要になったそうです。二人は安定して生活しており、治療は終結となりました。

事例2

Cは終末期の状態でした。喉の気管が切開されて管が差し込まれ、大きな人工呼吸器から酸素が送り込まれています。気管切開のため声を出すことができず、唇のひそひそした動きで、私はCの言葉を読み取ります。機械の大きな音が邪魔をします。

「不安です。イライラします。夕方暗くなってくると、だーっと涙が溢れます。どうしてか、わからない」「家族はいません。テレビも、本も、見る気になりません」「薬？　あ、楽になりたいです。でも、薬で眠くなって呼吸が止まるのではと、それが恐ろしい」

主治医の話では、もう残された時間は長くありません。苦しげな表情のCを前にして、意味の可能性をひとつひとつ考えては、それがひとつひとつつぶれていくのがわかります。私の胸も苦しくなり、言葉を失います。

今、この瞬間にCの人生に意味はあるのでしょうか？

私は、こちらを見つめるCの目の力に気づきます。今の身体的、心理的な苦しさをしっかりと見据えている精神の力が感じられます。

ふと私は、個室の大きな窓の外に広がる青空、流れる雲、木々や花々に気づきます。私は思いきって言ってみます。〈眠気が出にくく、落ち込みを少し軽くするお薬がありますす。それならいかがでしょう?〉〈Cさん、この大きな窓から見える、青空とか、木とか、きれいだなあ、美しいなあ、と思われますか?〉「はい」とはっきりとうなずかれます。〈そうですか! よかった! 落ち込みが軽くなると、もっと美しさを楽しんだり、看護婦さんとのやりとりを楽しんだりできると思いますよ〉「ありがとう」

翌週、不安な闇に光をと思い、虹色の美しい光を放つ筒状のライトをためらいながら手渡します。Cの苦しげな呼吸と表情は同じですが、「ありがとう」とささやかれます。

その後、Cは亡くなりました。以前は、命綱である人工呼吸器の管を握りしめていましたが、その後はライトを握りしめていたと聞きました。

事例3

高齢のDは、様々な身体疾患があり、車椅子の不自由な生活を送っていました。不眠もあり、前回の外来では「とにかく眠らせてください!」とおっしゃたため、薬を調整しました。今日は、「あの薬で、ちょっとは眠れるようになりました」とほっとしたようにおっしゃいます。しかし、あまりにも早い時間に就寝するため、夜中に目が覚めてしまい、「眠れない」ことがわかりました。

日中の過ごし方を尋ねると、付き添いの家族は「うとうとと横になってばかりいるんです」と言います。Dは、「だって、（病気の合併症で）目が弱っていて、テレビもすぐ疲れてしまうし、身体は動かせないし。手だって、こんなに動かなくなってしまって、水も触れないし」「だいたい眠ってなんかいませんよ！　からだがだるくて仕方ないから休んでいるだけ！」と猛烈に反論します。

Dと家族との言いあいの中、私がそっと、〈ラジオはいかがでしょう?〉と言うと、「ラジオも音楽も、耳鳴りがして、とっても嫌！」「お料理の本をぱらぱらめくるのは楽しみなんですけど、どうせ食事制限があって食べられないでしょう?」「血液検査をするとすごい異常があるんです！　内科の先生だって『これじゃあ、だるくて起きられないのは当たり前』っておっしゃっているんですよ！」と言い、ついに家族も黙り込んでしまいます。

私はふっと笑ってしまいます。

〈でも、おしゃべりは大丈夫ですね！〉

「そうそう、口ばっかりは達者でねえ」とDもつられて笑います。

いつもおしゃれで上品な物腰、表現力豊かに鈴のような声でお話するDは、どのような人生を送られてきたのだろう、と私は思います。

〈では、こんなのはどうでしょう？　テープレコーダーに、これまで体験されたことをお話しして、録音するっていうのは？　そして、それをタイプしてもらって「自分史」を作るっていうのは？〉

「それはいいわ！」と家族も目を輝かせます。

「そういえば、主人がそういうことを言ってくれたこともありました……」Dは何かを思い出した様子。にっこりと私を見つめます。「昔から、器量はちっともだけど声だけはいいねって誉められたものですよ。今はこんな声になってしまったけれど、昔はね、声だけはよくってね」

〈今もすてきなお声ですよ。その声を残しましょうよ〉

「たいした人生じゃないけれど」

〈Dさん、おいくつになられますか？〉

「八十歳になります」

読み応えのありそうな分厚い本が私の目に浮かびます。

〈戦中戦後の出来事や、昔のこと、ぜひお話して録音してください。今のこどもたちが知らないことがたくさんです。ぜひ、自分史を作って、本を出版しましょう〉

「本を出版」にDと家族は目を合わせてくすっと笑い、診察は終了しました。

3　ロゴセラピーとは

ここでは、本書のフランクルのことばと事例を重ね合わせながら、ロゴセラピーを考えてみたいと思います。

事例1：障害を持つこどもBと母Aの事例

2回目の診察で私の口をついて出たのは、Bの成長について、そして「お母さんにしかできないことがありそうですね？」という言葉です。未来に目を向けたのです。

＊「ロゴセラピーは精神分析と比べると、それほど回顧的ではなく、それほど内省的でもあ

りません。ロゴセラピーはむしろ未来に目を向けます。つまり、患者を将来待ち受けているであろう意味の可能性に注目するのです。」（ロゴセラピーの基本概念）

そんな中、Bが黒いクレヨンで書いたのは、しっかりとした漢字でした。驚いて誉める私に、Aも誇らしげにBの努力と出来るようになったことを報告します。

私が〈Bちゃんが伸びていく力を大切にしたいですよね〉と言うと、Aはしっかりとうなずいてくれました。

＊「ロゴセラピーは、患者に彼の存在にかくれているロゴス〔意味〕を意識させるという点では、分析的なプロセスです。」（3　神経因性神経症）

Aは思い出したのです。自分がBをどんなに愛おしく思っているか、どんなにねばり強い努力でBの成長を支えてきたか、Bがそれに応えて努力を重ね、いかに大きく成長してきたかを。その瞬間、「かくれていたロゴス」＝「意味」がAに意識されました。Aがなすべきことが明確になったのです。

その後のAの決断や行動に、私は驚かされるばかりでした。

＊「人間は、自分自身の人生に責任を持つことによってのみ、人生に答えることができるのです。このようにロゴセラピーは、この責任性の中に、まさに人間存在の本質があると考えます。」（6 人生の意味）

Ａは「母親としての責任性」を取り戻しました。このように、人間のもつ「責任性」の重要性に言及するのは、ロゴセラピーの特徴でしょう。

＊「ロゴセラピーは患者に自分の責任を十分に理解させようと試みます。」（7 実存の本質）

しかし私は、「意味」にも「責任性」にも言及してはいません。なぜＡは自分の責任を理解したのでしょうか。

＊「ロゴセラピストの仕事は、患者の視野を広げ、患者にとっての多種多様な意味の可能性の全体像を見えるようにしてあげること、意識させることです。」（7 実存の本質）

私は、Ａを混乱や怒りの中から連れ出し、目の前のこどもを一緒に見つめました。それだけで、Ａはこどもの成長と未来の可能性を見ることができるようになりました。

しかし、Ａは、自分の混乱や不満、怒りを解消してはいません。なぜ抗うつ薬が不要になったのでしょうか。

＊「あることに没頭し、あるいはある人を愛する度合いが強くなり、自分を忘れれば忘れるほど、人は人間になり、自己を実現するのです。」（7 実存の本質）

Aは、こどもを愛するほどに、子育てや仕事に没頭するほどに、自分の心身の問題を忘れ、薬が不要になるほど自分を取り戻したのです。

＊「わたしはこの本質的な特徴を、『人間存在の自己超越性』と呼んでいます。これはつまり、人間存在はつねに何かまたは誰かに向かっているということです。」（7 実存の本質）

「自己超越」もロゴセラピーの重要な概念です。ロゴセラピーでは、身体次元と心理次元をひとつの統一機能である「心身態」と考えます。Aには、育児の困難さや不安やうつといった心身態の問題がありました。Aはそれを飛び越えて（超越して）、精神次元の働きで、意味に向かったということです。人間は自分の心身を守ることから離れ、意味実現に向かうことができる存在なのです。

＊「人が本当に必要としているのは、緊張のない状態ではなく、ふさわしい目標、自由意志で選んだ仕事に取り組み、奮闘することです。」（4 精神の力学）

Ａは誰かに助けてもらうことではなく、一人で二倍働き、こどもを守り愛することを選びました。これこそが、Ａが本当に望んでいたこと、必要だったことなのでしょう。このような変化が、ほんの数回の診察（正確には2回目の診察）で起こったとは驚くべきことではないでしょうか。私はここに、ロゴセラピーの力強さ、人間が持つ力と可能性を感じます。

事例２：終末期のＣ

Ｃが置かれていたような臨終に近い状況で何かができると主張する心理療法はあるのでしょうか。私も息をのみ、「意味」の可能性がシャボン玉のようにぱちん、ぱちんとはじける音が聞こえるような気がしました。

「Ｃの人生の今の瞬間にも意味がある」と気づかせてくれたのは、Ｃの目の力です。

＊「この苦しみを勇敢に引き受けるという挑戦を受けて立つことによって、人生は最後の瞬間まで意味を持ち、この意味は、文字通りいまわの際まで持続します。」（9 苦悩の意味）

Cは、この苦悩をしっかりと認識し、勇敢に引き受けていました。だからこそ、私はある提案ができたのです。

＊「ロゴセラピーの見解では、わたしたちはこの意味というものを三つの方法で発見できます。（1）作品を創作したり、行動を起こしたりすることによって。（2）何かを経験したり、誰かと出会ったりすることによって。（3）避けられない苦難に対してとる態度によって。」（7 実存の本質）

Cが、（3）のロゴセラピーで言うところの「態度価値」を体現していることは明らかでした。（1）の「創造価値」の実現は困難でしたが、（2）の「体験価値」への関心は保たれていました。だからこそ、薬で落ち込みを軽くすることで自然や医療者とのやり取りを楽しむことを私は提案したのです。

その一方で、診察後、私は暗い闇へのCの恐怖感を軽くできないかと思案しました。その時、偶然持っていた美しいライトを思い出し、翌週、手渡したのでした。虹色の美しい光が最後までCを照らしたこと、Cが最後までライトを握りしめていたという事実は、今もうずく私の痛みを、少しだけ和らげてくれます。

事例3：様々な身体疾患を持った高齢のD

病のために喜びも楽しみもなく、うとうとと横になって過ごすことしかできず、夜は不眠に苦しんだDでした。日中の過ごし方についての指摘や提案を、「何もできない」と論破するDに圧倒されましたが、私は鈴のような声と生き生きしたおしゃべりに注目しました。

私の提案は、自分の過去の体験をテープに録音する、というささやかなものでした。

＊「彼は誇りと喜びをもって、そこ（カレンダーの裏）に記録した豊かな財産、存分に経験した人生のすべての時間を思い起こすことができます。」（13 人生のはかなさ）

録音は実現されなくとも、Dも家族も、過去の素晴らしい経験や時間があったことを生き生きと思い出すことができたのです。

＊「人間の主たる関心は、喜びを得たり苦痛を避けたりすることではなく、むしろ自分の人生に意味を見いだすことに向けられているというのは、ロゴセラピーの基本理念のひとつです。」（9 苦悩の意味）

昔のことを語るＤは静かな満足感にあふれていました。自分の人生の意味を確信できたのです。

＊「この（意味の）可能性というものは、ひとたび実現すると、その瞬間から現実に変わります。そうなることで可能性は過去のものとなり、救われます。過去の中では、それははかなく過ぎ去ってしまうことなく、守られています。なぜなら過去においては、何ものも取り返しがつかないかたちで失われることはなく、すべては最終的に保存されるからです。」（13 人生のはかなさ）

実現されたものは過去の中に永遠に保存されている、という考え方もロゴセラピー独特のものです。全ての人生は過ぎ去りますが、その人が成し遂げたあらゆること、体験したあらゆることは、そのまま過去の中に保存され、決して失われることはないのです。

4　技法について

ここでは、ロゴセラピーの技法の実際を紹介します。

(1) 過剰自己観察消去（脱反省）

自分の心身次元の問題を見つめすぎる状態は「過剰自己観察」であり、不眠症や性的不感症など多くの問題を引き起こします。

「過剰自己観察消去（脱反省）」は、そこから離れて、自分の外にある意味や実現すべき可能性に目を向け、行動することを勧めるものです。

ある症状を持っていた方は、自分のストレスや症状にとらわれる過剰自己観察の状態でした。しかし、私が「外に目を向けること」について説明したところ、それを実行し症状を気にすることがなくなりました。「もう大丈夫です」とその方は自信たっぷりに治療を離れました。思いがけない効果と短期間での治療終結に、私は驚かされました。

(2) 逆説志向

これは、予期不安、赤面恐怖など、心配に思っていることについて逆に起こるよう願うというものです。

授業で質問された時に失敗してしまい、また恥をかくのではという恐怖感から、パニック発作を起こし、強い恐怖感を持ち続けている高校生がいました。失敗への不安や恐怖は、過去の出来事が関係しているようでした。精神分析家なら、トラウマを扱ったでしょう。

＊「もっとも注目すべき事実の一つは、逆説志向の有効性が当該事例の病因学上の背景に依存しないという点です。」（14 技法としてのロゴセラピー）

私は過去のことには触れずに、逆説志向を説明しました。

＊「しかしこうしたやり方が成立するためには、ユーモアのセンスに見られるような、自分自身を突き放してとらえるという人間ならではの能力が必要になります。この自分を一定の距離を置いて見るという能力が、ロゴセラピーが逆説志向を適用する際の基本になります。」（14 技法としてのロゴセラピー）

さらに続けて、〈野球選手のイチローですら、5割もヒットは出せないですよね？天才だって、半分以上は失敗なんです。成功の前に、まずは、失敗のプロを目指しましょう。上手に失敗できるよう失敗例を次までに10パターン考えてきてください〉とユーモアたっぷりに指示したところ、その子は笑って「わかりました」と帰りました。

次の回には「6パターンしか考えられませんでした」と笑いつつ楽しんで練習し、実際に授業で質問された時は「失敗できませんでした」と笑いました。過去のトラウマを扱うことなく、その子は治癒したのです。

5　治療者の態度

ここで、治療者の態度について考えてみたいと思います。ロゴセラピーでは、技法よりも治療者がどうあるか、どのような態度で患者に対するかが重要ではないかと私は考えるからです。

フランクルは、治療者の態度について本書ではほとんど言及していませんが、事例から読み取れることがあります。

＊「しかしわたしはあきらめませんでした。（中略）私は引き下がらず、こう応じました。」（12 超意味）

フランクルが、患者が意味をつかむまで、決してあきらめない態度を持っていたことが伝わります。それはフランクルが、患者の人生に意味があり、患者が自由な意志を持ち、意味への意志を持つ存在であると強く信じたからこそではないでしょうか。

＊「治癒のきっかけとなるのは自己超越なのです。」（14 技法としてのロゴセラピー）

治癒のきっかけとなる自己超越が起こるのも、治療者が、患者は「自己超越できる存在」であり、「意味を実現する精神次元の力がある存在」と信じて働きかけるからではないかと思います。

また、現在の姿の存在のみならず、患者が何かを成し遂げる可能性のある存在と見ることができるのは、治療者に患者への愛が生まれた時だろうと私は考えます。愛は、ある能力を人に与えます。

＊「人は愛を通して、愛する人の本質的な特徴と特性に気づく能力が与えられるのです。いや、それればかりではなく、その他者の中でまだ実現されていないけれども実現する価値がある可能性すら見えてくるのです。」（8 愛の意味）

つまり、「今、ここで」の患者の状態像を冷静に診ると同時に、別の価値を実現する患者の可能性に目を向ける、という複眼的な見方がロゴセラピストには必要なのでしょう。結局は、草野智洋さんが述べているように、治療者自身が「ロゴセラピーを生きる」ことによって態度が導かれるのかもしれません。

6　おわりに

ロゴセラピーは、患者を助けるだけではありません。治療者を導き、鼓舞し、勇気づけます。

号泣していたAを前に、私は、Aのあるべき姿に目を凝らしました。人間の持つ責任性の重要性を知っていたからです。

終末期の苦悩にあえぐCを前に、私を鼓舞したのは「人生は最後の瞬間まで意味を持つ」というフランクルの信念です。

深刻な身体状況にある高齢のDにおいても、過去の業績が保存され守られているというロゴセラピーの考え方は、ささやかでも有効な提案につながったのです。

さあ、いかがでしょうか。

医学の臨床では、私たちは患者の人生の危機的な局面に立たされることが少なくありません。絶望のどん底でも、ロゴセラピーが人生に光を当てることがわかっていただけたでしょうか。

しかし、どんなに素晴らしい理論や理念であっても、それを生かすには、私が臨床に立ち、私自身がそこで実現できる可能性を、苦しみながらも探し出すしかありません。ロゴセラピーを「どのように用いるか」は、私たちひとりひとりに委ねられているのです。私たちには「責任」と「自由」とがあるのです。

本文とともに、この小論があなたのヒントになれば幸いです。

ロゴセラピーの実践とはいかなるものか

草野智洋

ロゴセラピーとは何か

私は臨床心理士でロゴセラピーを専門にしています。しかし、日本で私のようにロゴセラピーを実践しているという方には、ほとんどお目にかかったことがありません。『夜と霧』は新訳版が出版されるほどのベストセラーであり、フランクルの著書は数多く邦訳され出版されているにもかかわらず、フランクルの創始した心理療法であるロゴセラピーを実践しているという臨床家は極めて少ない。これはいったいどういうことでしょうか。

そもそも、ロゴセラピーとはいったい何でしょうか。先ほど、ロゴセラピーのことを「フランクルの創始した心理療法」と書きました。この表現は一般的に用いられていますが、厳密には正確な表現ではありません。ウィーンのフランクルセンターが発行している冊子によれば、ロゴセラピーは三本の柱によって支えられています。一本目の柱は「人間観」、二本目の柱は「治療論」、三本目の柱は「世界観」です。人間観、治療論、世界観という三本の柱から出た矢印は、ロゴセラピーを通ってそれぞれ「人間学」、「心理療法」、「哲学」となります。

このことからもわかるように、ロゴセラピーは心理療法の種類の一つというよりも、むしろ心理療法と人間学と哲学を包含した一つの理論体系として捉えられます。しかし、ロゴセラピーという用語に含まれている「セラピー」という言葉が、ロゴセラピーは心理療法の一種であるという印象を与えるのは確かです。実は、現在我々がロゴセラピーと呼んでいる理論体系は、かつては実存分析（ドイツ語ではExistenzanalyse）とも呼ばれていました。これは当然フロイトの精神分析（ドイツ語ではPsychoanalyse）と対比してのネーミングです。しかし、フランクルの理論が英語圏に翻訳される際に、ドイツ語のExistenzanalyse は existential analysis という英語に翻訳されました。これだけでは問題はありませんが、不幸なことに、スイスのルートヴィッヒ・ビンスワンガーという精神科医による現存在分析（ドイツ語ではDaseinanalyse）も、英語に翻訳されたときに同じくexistential analysis となってしまったのです。ドイツ語ではExistenz とDasein という二つの異なる用語があり、日本語でもそれぞれ「実存」と「現存在」として区別することが可能です。しかし、英語にするとどちらもexistenceという同じ言葉になってしまいます。こうした混乱を避けるため、フランクルは次第に実存分析という用語を用いることを控えるようになりました。狭い意味でのセラピーや心理療法といった範疇に収まらない文脈であっても、あえてロゴセラピーという表現を用いるようにしたとフランクルは述べています。ウィーンのヴィクトール・フランクル研究所の所長であるアレクサンダー・バティアーニー博士は、ロゴセラピーと実存分析とを併記したうえで、双方の頭文字をとってLTEA（Logotherapie und Existenzanalyse）と表記することを提唱しています。

ロゴセラピーを実践するとは

このため、日本の臨床家がロゴセラピーについて学ぶためにフランクルの著書を手にとっても、哲学や人間学についての理論が書かれているばかりで、心理療法の実践に関する具体的な記述は、逆説志向と過剰自己観察消去（脱反省）という二つの特徴的な技法についてを除けば、ほとんど見られません。『夜と霧』をはじめとするフランクルの著作に感銘を受け、ロゴセラピーに関心があるという臨床家は多数いるものの、どのようにロゴセラピーを実践すればよいのかはわからない。二〇一四年に私が本多奈美さんらとともに行った日本心理臨床学会の自主シンポジウムでは、このような声が多数寄せられました。

それでは、ロゴセラピーを実践するということは、具体的にどのようなことなのでしょうか。私はこれについて、まずは「ロゴセラピーを行う」ことと「ロゴセラピーを生きる」ことの二つを区別することが必要だと考えています。

「ロゴセラピーを行う」とは、一般にイメージされるように、セラピストがクライエントに対して心理療法としてのロゴセラピーを実施するということです。しかし、この点については、フランクルの著書からだけでは、具体的にどのように行うのかを十分に学び取ることはできません。フランクルの著書には、ロゴセラピーの「ハウツー」は書かれていないのです。むしろ「ロゴセラピーにハウツーは存在しない」と言う方が正確かもしれません。

もう一方の「ロゴセラピーを生きる」ということはどういうことでしょうか。この点について説明するため、まずは私がロゴセラピーを学び始めた頃のことをお話しします。

ロゴセラピーを生きる

私がロゴセラピーを学び始めたのは、新卒で就職した会社を退職し、翌春から臨床心理士を目指して大学院に入学することをひかえていた頃でした。それまでに、私は邦訳されているフランクルの著書はあらかた読んでおり、フランクルの思想や哲学については理解しているつもりでした。しかし、臨床心理士を目指すにあたって、実際にどのようにロゴセラピーを行えば良いか、言わばロゴセラピーのハウツーを知りたいという動機で私はロゴセラピーゼミナールに参加したのです。

ロゴセラピーゼミナールの講師は勝田茅生という日本人女性でした。勝田先生は日本人ですが、一九七五年に渡独して以来ずっとドイツに住まわれており、南ドイツロゴセラピー研究所（当時）のエリザベート・ルーカス博士から指導を受け、日本人で最初のロゴセラピストとなりました。エリザベート・ルーカスとは、日本ではあまり知られていませんが、フランクルの一番弟子として世界では大変に高名なロゴセラピストです。

ルーカス博士の元でロゴセラピストとなった勝田先生のロゴセラピーゼミナールで、私はロゴセラピーの具体的な使い方を学べるものと期待していました。しかしそこで勝田先生が言われたことは「ロゴセラピーをテクニックのように使おうとするのではなく、セラピスト自身がロゴセラピーを生きることが何よりも大切です」というものでした。

大学院入学前で臨床心理士という職業に憧れていた私は、心のどこかで、自分がセラピストという上の立場に立ち、悩みを抱えるクライエントという弱い立場にいる人を救ってあげたいという気持ちがあったのだと今では思います。言うまでもなくこのような考えは傲慢であり、そのようなセラピストは真に人の助けとなることはできないでしょう。他者をあれこれしようと考える前に、自分自身の生き方を謙虚に振り返る必要があるのです。セラピストもクライエントも、誰もが不完全な人間であり、意味のある人生を求めて懸命に生きているという点では何も変わりません。

「ロゴセラピーを生きる」とは、ロゴセラピーの世界観と人間観に基づき、自らの人生に意味を見出して生きていくということです。そのためにはどのように生きれば良いかは、フランクルの著書の中に詳しく書かれています。フランクルの著書に書かれていないことを他者に実践しようとする前に、著書に書かれていることを自ら実践する。それがロゴセラピーの実践の第一歩であり、最も重要なことだったのです。

人生からの問いに答える

この本を読まれている方には自明のことかもしれませんが、フランクルが提唱する人生に意味を見出すための生き方について、ここで簡単に述べておきます。

ロゴセラピーは人生の意味に関する心理学（哲学、人間学）です。しかし、ロゴセラピーは「人生の意味とは何か？」という問いに対して「人生の意味は〇〇だ」という解答を与えてくれるものではありません。フランクルは「『人生には何の意味があるのか？』と人間がいくら問うても、決してその答は得られない。むしろ、人間は人生から問われており、人生からの問いに対して答えなければならないのだ」と言います。この考え方を、ロゴセラピーでは「人生の問いのコペルニクス的転回」と呼びます。

「人間が人生から問われている」とはどういうことでしょうか。もちろん人生は生き物ではありませんし、言葉を発するわけではありません。「人生から問われている」と言われても、あまりピンとこないかもしれません。ここではいったん、私たち人間に問いを発しているものが人生なのか何なのかはおいておくことにします。しかし人生の意味に悩む人がしばしば「人生には何の意味があるんだ？」と問いを発することは事実です。この問いはいったい誰に向かって発せられた問いなのでしょう。自分自身に対してでしょうか、神に対してでしょうか、それとも、人生に対してでしょうか。

「コペルニクス的転回」とは、天動説から地動説への転回、即ち百八十度すっかり向きを逆方向にすることです。「人生が人間に問いを発する」という表現はしっくりこないとしても、人間が何かに向かって「人生には何の意味があるんだ？」と問いを発していたことは事実ですので、ここではその何かから人間が問われているということにしておきます。

ここまでの話をまとめると、「人間が何かに人生の意味を問うても答えは得られない。人間は何かから問われているのであり、それに対して答えなければならない」ということになります。ではいったい、「答える」とはどういうことでしょうか。

ロゴセラピーの考え方によれば、「問いに答える」とは「自分の行動によって、今この瞬間の意味を実現する」ということです。例えば、もしも駅のホームを歩いていて目の前で人が線路に転落したとしたら、この状況で自分がどうすることが最も意味のあることでしょうか。勇気があれば自分も線路に飛び降りてその人を救いあげることができるかもしれません。そこまではできなくても、急いでホームに設置されている列車の緊急停止ボタンを押すことはできるかもしれません。大声で駅員や周囲の人に助けを求めることならできるかもしれません。そうやって、一人の人の命を救うことができたなら、その行動にはなんと意味があるでしょうか。

しかし、人間はその人を助けずに見て見ぬふりをすることもできます。自分が助けなくても他の人が助けるかもしれません。落ちた人が自力で這い上がってくるかもしれません。線路に落ちた人を助けるか助けないか、どちらの行動により意味があるでしょうか。言い換えれば、どちらが「問い」に対してより正しく答えていることになるでしょうか。このような場合であれば、誰もが「助けることに意味がある」と感じるでしょう。しかし、どうして私たちは、ある行動と別の行動を比較して、どちらにより意味があるかがわかるのでしょうか。

良心によって意味を感知する

フランクルは、「人間には良心が備わっているから、ある状況において自分がどうすることに最も意味があるかを認識することができる」と言います。人間の目が光を感知し、耳が音を感知するのと同じように、人間は良心によって意味を感知することができる、というのがロゴセラピーの考え方です。それでは、もし人間が良心に反した行動をとるとどうなるのでしょうか。別の例で考えてみましょう。

ある学生が学校で試験を受けています。しかしその学生は勉強を怠けていたので全くわかりません。そんなとき、成績優秀な友人の答案が自分の席から丸見えであることに気がつきます。教師はその学生のほうを見ておらず、友人の答案を写せば彼は高得点をとることができます。

このような状況で、もしカンニングをしていくら良い点数をとっても、そのようにしてとった高得点には何の意味もないということは、自分自身が一番よくわかっています。自分がカンニングをしたことが誰かに見られていたのではないか。陰で噂をされているのではないか。良心の呵責に苛まれ、心が休まるときはありません。

このように、人間は良心によって、今どうすることに意味があるか、逆にどうすることには意味がないか、を感じとることができるのです。意味がないと自分でわかっている行動を積み重ねていけば、罪悪感や空虚感に苦しみながら生きていかなければいけません。「ロゴセラピーを生きる」とは、良心に従った意味のある行動を一つ一つ積み重ねていくことであり、そうすれば人は結果的に充実感や幸福感をもって生きていくことができます。

「人生」と「いのち」

先ほどは、「人生から問われている」という表現はピンとこないかもしれないということで「何かから問われている」ということにしておきました。このことについて、ここでもう一度考えてみましょう。

日本語で「人生」と訳されているもとの言葉は、ドイツ語ではLebenと言います。これは英語のlifeにあたる言葉です。ドイツ語のLebenや英語のlifeは「人生」と訳すこともできますが、それ以外にも「生命」や「いのち」と訳すこともできます。「人生から問われている」という表現に少し違和感があるのは、日本語の人生という言葉には擬人的なイメージがないからです。しかし、「いのちから問われている」という表現ではどうでしょうか。ここであえて「いのち」と平仮名で書いたのは、自分という一人の人間の命ではなく、自分も他者も、動物も植物も天地万物すべてを含んだ大きな「いのち」というイメージを持ってもらいたいからです。

人によってはあえて「いのち」と言い換えなくても、「人生から問われている」という表現が十分にしっくりくる方もいらっしゃるかもしれません。また、人によっては神様から問われているという表現が最もしっくりくる方もいらっしゃるかもしれません。フランクル自身は敬虔なユダヤ教徒であり、その人生には彼がユダヤ教徒であることが極めて大きな影響を及ぼしました。しかしフランクルは、ロゴセラピーを決してユダヤ教徒だけのものではなく、どのような宗教を信じている人にとっても、特定の宗教を信仰していない人にとっても妥当する理論として作り上げたのです。

日本人の場合は、仏教や神道の感覚が知らず知らず身についているけれど特に熱心に信仰しているというほどではない、という方が多いのではないでしょうか。私自身がまさにそういう宗教観の人間ですが、そういう人にとっては、自分一人の命ではない「（大きな）いのちから問われている」という表現は、「人生から問われている」という表現よりもしっくりくるのではないでしょうか。

意味の本質は自己超越

ところで、別の観点から見れば、意味のある行動とは自己超越的な行動であると言うこともできます。そもそも「意味がある」とは、ある物事と別の物事との間に関連やつながりがあるということです。例えば、地面に穴を掘る、掘ったら今度はその穴を埋める、埋めたらまたそこに穴を掘る、という行為を繰り返すことには何の意味も感じられません。なぜなら、この場合は「穴を掘る」という行為が「穴を掘る」ことだけで完結してしまっており、それ以外の何にもつながっていかないからです。

しかし、同じ「穴を掘る」という行為であっても、穴を掘って宝石を発掘し、それを売ってお腹を空かせた家族にご飯を食べさせてあげることができるのであれば、そこには意味があります。両者の違いは、「穴を掘る」という行為がそれだけで完結しているのか、それともその行為が例えば「家族のため」といった、「穴掘り以外の何か」につながっていくか、という点にあります。

人間の生き方についても同じことが言えます。もしも自分の人生が自分一人だけのためのものであり、自分だけで完結してしまう自己完結的なものであれば、穴を掘って埋めることを繰り返しているのと同じで、そこには意味が感じられません。意味のある人生とは、自分一人だけのためにあるのではなく、自分以外の誰かや何かと関わり、つながりを持っている人生のことです。

そもそも全ての人間は自分と別の存在である親から生まれ、他者や社会や世界と関わりを持ちながら生きていきます。その点で、意味のない人生というのは実際にはあり得ません。しかし、当人が自分の人生に意味があると感じられるかどうかはまた別の問題です。

　生きる意味を感じられるためには、何十年という人生全体よりも、現在の自分が置かれている状況における行動が重要になります。長い人生であっても、結局は一瞬一瞬の積み重ねであり、それぞれの瞬間ごとに人間は自分が何をするか（またはしないか）を選択し、行動することができます。もしも人生におけるあらゆる瞬間において、良心に従った自己超越的な行動を選択することができれば、結果的に人生は意味で満たされます。

　もちろん人生の全ての瞬間においてこのような行動の選択を続けるということは、現実には不可能でしょう。私もロゴセラピストと名乗ってはいますが、全ての瞬間において良心に基づいた行動を選択しているとは決して言えません。フランクル自身も、自分が常に自分の理論に従って生きてこられたわけではないと述懐しています。「ロゴセラピーを生きる」とは、たとえ完全ではなくとも、できる限りこのような行動を選択するよう心がけて生きていくということです。

人間とは何か

このような態度で生きていくことは、セラピストが自分自身の人生を意味あるものにすることができるというだけでなく、クライエントに対してとるべき態度や姿勢を身につけるということにもなります。ロゴセラピーは単なる心理療法ではなく、人間学と哲学を含んだ理論体系であるということは先に述べました。即ち、「人間とは何か」というフランクルの人間観をセラピストが正しく理解し、それを身につけることなしに、心理療法としてのロゴセラピーの技術だけを身につけようとしても、真の意味でのロゴセラピーにはならないのです。

なお、「人間とは何か」とは、フランクルの主著の邦題にもなっている言葉です。フランクルはナチスの強制収容所に送られる前に、自らの理論をまとめた原稿を完成させていました。しかしアウシュヴィッツ＝ビルケナウ収容所に移送された際にその原稿は没収されます。後に、フランクルは発疹チフスの高熱に苦しみながらも意識を保ち続けるために速記の記号でその原稿を再び書き上げます。このエピソードは『夜と霧』の中でも非常に印象的な部分の一つです。強制収容所から解放され、この原稿が書籍として出版されますが、その際のドイツ語の原題は“Ärztliche Seelsorge”というものでした。これは直訳すると「医師による魂の癒し」とでも表現されますが、少し解説が必要です。「魂の癒し」と訳されるSeelsorgeとは、通常は聖職者によって行われる人の心を安らかにする営みのことを意味します。即ち、一般にSeelsorgeといえば「(聖職者による)魂の癒し」なのです。しかし、あえてここでフランクルは「医師による魂の癒し」という表現を用いました。ロゴセラピーがどのようなものかをご存知であれば、フランクルが用いたこの表現の意図はおわかりいただけるでしょう。

医師の仕事は一般には病気を治すことです。しかし、なかにはどうしても治らない不治の病も存在します。病気を治すことができなければ、多くの医師にとってはお手上げかもしれません。しかし、たとえ病気を治すことはできなくても、患者が生きることの意味を見出し、心安らかに残りの人生を全うすることを援助することも重要な仕事です。そのような営みが、ここで言うSeelsorgeです。フランクルは、聖職者だけでなく医師にとってもSeelsorgeが非常に重要な仕事であると主張しました。それこそがまさにロゴセラピーの本質なのです。

さて、フランクルが命がけで書き上げた“Ärztliche Seelsorge”は日本では一九五〇年代に『死と愛』というタイトルで出版されました。この邦題がつけられた経緯は私は詳しくは存じませんが、おそらくは『夜と霧』との対比であることと、本文中に「死の意味」と「愛の意味」が重要なテーマとして述べられているところから来ているのではないかと推測します。しかし、フランクル自身もこの著書に何度も改訂を加えており、日本ではその最新版が二〇一一年に訳出されました。その際に邦題も大きく変更され、『人間とは何か』となったのです。原題の直訳と邦題はまったく異なりますが、この著書でフランクルが述べていることはまさに「人間とは何か」というロゴセラピーの人間観であり、内容と合致した邦題になっています。

心理療法としてのロゴセラピーとは

このようにセラピストが「ロゴセラピーを生きる」ことを大切にしたうえで、いよいよ心理療法としてのロゴセラピーの実践が可能になります。

心理療法としてのロゴセラピーに特有の技法として、本書でも紹介されていた逆説志向と過剰自己観察消去（脱反省）の二つがしばしば挙げられます。フランクルの著書を読む限りでは、これ以外にロゴセラピーの技法として触れられているものはなく、ロゴセラピーを実践するということは逆説志向と過剰自己観察消去（脱反省）を行うこととイコールであるという誤解を招くおそれがあります。もしそうであれば、現在の日本で一般的に行われている傾聴を中心とする心理療法の中でロゴセラピーを行うのは難しいでしょう。

以下では、逆説志向と過剰自己観察消去（脱反省）のようなロゴセラピーの特徴的な技法ではなく、ロゴセラピーにおける通常のセラピストとクライエントとの会話について述べていきます。それによって、ロゴセラピーとは決して特殊な技法だけを指すものではなく、様々な心理療法や心理カウンセリングの中に無理なく取り入れていけるものだということがお分かりいただけるでしょう。

ロゴセラピーとは、「意味による癒し」をクライエントにもたらすことであり、症状や問題を取り去ること自体はロゴセラピーの直接的な目標ではありません。しかし、ロゴセラピーは従来のセラピーに取って代わるものではなく従来のセラピーを補完するものであり、医学的治療や従来の心理療法によって取り去ることのできる症状や問題は当然取り去られるべきです。

しかし、なかには取り去ることのできない症状や問題も存在します。そのような場合でも、そこに意味を見出すことができれば、それはもはや問題ではなくなる場合があります。また、自らの人生に意味を見出すことによって結果的に症状や問題の程度が軽くなったり気にならなくなる、ということはしばしば起こります。

自らの人生に意味を見出すためにはどのように生きれば良いか、フランクルは著書の中で詳しく述べています。フランクルの提唱する生き方、即ち、人生からの問いに正しく答えるべく良心に基づいた決断と行動を一瞬一瞬積み重ねていくという生き方を実践することによって、生きることの意味が感じられ、精神的な充実感が得られるようになります。

精神次元に焦点を当てたセラピー

クライエントがこのような生き方ができるようになることを援助するために、セラピストは何をすれば良いのでしょうか。この点については、フランクルよりもルーカスの著書に詳しく述べられています。ルーカスの"Lehrbuch der Logotherapie"（『ロゴセラピーの教科書』）という著書は、"Textbook of Logotherapy"というタイトルで英語には翻訳されていますが、残念ながら邦訳はされていません。もしルーカスの著書が邦訳され出版されれば、日本でより広くロゴセラピーが実践されるようになると私は期待しています。

ルーカスによれば、ロゴセラピーは、セラピストとクライエントとの間に共感的で信頼感のある雰囲気を作ることを目標としているという点と、クライエントの人格の無条件の受容とセラピストの自己一致をセラピストに求めるという点において、ロジャーズのクライエント中心療法とよく似た形式になるといいます。しかし、ロゴセラピーにおいてクライエントの人格を受容するということは、必ずしもクライエントの発言の内容をそのまま受容するということではありません。ロゴセラピーではクライエントの精神次元のはたらきがみられる発言に焦点を当てます。

精神次元のはたらきとは、いかなるものでしょうか。ロゴセラピーの人間観では、人間を身体（Leib）、心理（Seele）、精神（Geist）の三次元から成る存在として捉えます。身体と心理の区別は一般的ですが、心理と精神を区別するのがロゴセラピーの特徴です。むしろロゴセラピーでは精神に対して身体と心理がひとまとめにされることが多く、身体と心理をまとめて「心身態」と呼びます。心身態は動物にも備わっており、不快な状況を避けて快を求めたり、悲しいことや辛いことを避けて嬉しいことや楽しいことを求めたりするのが心身態のはたらきです。

一方、精神は人間にしか備わっていない次元です。先に述べた良心や自己超越も精神次元のはたらきに含まれます。精神次元のはたらきとは、意味や価値をとらえようとすること、責任を引き受けようとすること、自分以外の誰かや何かのために行動しようとすること、などです。

クライエントによって見出される意味

ロゴセラピーでは、意味のある充実した人生を送ることは望ましいことであるという人間観や世界観のもとに、クライエントを援助します。その点でロゴセラピーは価値中立的であるとは言えません。

しかし一方で、ロゴセラピーではセラピストがクライエントに「意味を押し付ける」ことを厳しく戒めています。「意味がある」ことは誰にとってもどのような場合でも望ましいとしても、「何に意味があるか」は、人によって、状況によって異なります。クライエントの決断や行動に意味があるかどうかをセラピストの価値基準によって判断したり、セラピストが考える意味のあることをクライエントに押し付けたりすることはできません。

ロゴセラピーにおいて望まれることは、クライエントがクライエントにとって意味のあることを見つけ、行動することです。ロゴセラピストは、他者に意味を教えたり与えたりすることはできないのです。

しかしこれは、クライエントが欲望のままに行動することをセラピストが肯定するということではありません。意味のある行動とは、欲求や欲望ではなく良心に基づいた行動です。現実には欲求に基づいた行動と良心に基づいた行動が一致する場合もしばしばありますが、いずれにせよ、ここでいう行動の基準となる良心は、セラピストの良心ではなくクライエント自身の良心でなければなりません。

ロゴセラピーにおける会話の特徴は「ソクラテス的対話法」といわれます。古代ギリシャの哲学者であるソクラテスは、対話によって人々に真理を教えたのではなく、人々が既に知っている真理を対話によって引き出したと言われています。ロゴセラピストの役割は、クライエントがおかれている状況でどうすることに意味があるかを教えるのではなく、既にクライエント（の良心）が知っている答を対話によって引き出すことです。

ある大学生の事例

少し例をご紹介しましょう。「資格の取得を目指して講座に通っているけれどやる気が出ない、でも行かなければいけないという無限ループだ」と訴える大学生のクライエントがいました。このクライエントに対して「やる気が出なくても頑張って講座に通ったほうが良いですよ」と励ますこともできます。また「やる気が出ないんですね」とクライエントの気持ちを受け止めることもできます。

しかしここで私は「その資格を諦めることにすれば無限ループからは抜け出せることになりますが……」と言いました。するとクライエントは、その資格を諦めることはできず、その資格を取得することにどのような意味があるかということを私に一生懸命説明し始めたのです。その後の私との対話を通じて、このクライエントは、どのようなときにやる気が出なくなるのか、やる気が出ないときは出ないなりにどのように対処すれば良いのかなど、自分なりの方法を見つけていきました。

このクライエントは、精神次元では講座に通って資格を取得することの意味を初めからわかっていたのでしょう。しかし、身体と心理（心身態）の次元からは「疲れる」、「面倒だ」、「講座が面白くない」といった否定的な言葉が出ていました。心身態と精神次元は対立することがしばしばありますが、セラピストの役割はクライエントの精神次元を刺激し、心身態に対する精神の反抗力を呼び起こすことです。ストレートに「頑張ろう」と言うのではなく、「資格を諦めることにすれば」というセラピストの言葉によって、クライエントはもう一度自分にとっての資格の意味を吟味することになりました。そしてそれをセラピストに話すことによって、自らの精神次元を奮い立たせたのです。

セラピーにおいては「何かをしなければいけないが、それができない」または「何かをやめなければいけないが、それをやめられない」といった訴えがしばしば聞かれます。「できないんですね」、「やめられないんですね」と共感するだけでもなく、「頑張ってやりましょう」や「頑張ってやめましょう」と励ますのでもなく、セラピストが逆説的に質問し、クライエントがその質問に答えるために自らの内面を探求することによって、クライエントにとってそれをすること（またはやめること）の意味が、より明確になります。

フランクルの著作に見られる逆説志向のような技法に限らなくても、このような逆説的な質問はしばしば有効にはたらきます。クライエントがセラピストのもとを訪れる前から何度も考えていたであろう順当な考え方ではなく、それまで考えていなかった逆方向からの質問によって、クライエントは意表をつかれ、違う角度から自分自身を眺めます。眺める自分と眺められる自分との間に距離をとることで、今までのうまくいかない思考や行動パターンの繰り返しではなく、自分にとって本当に意味のあることは何かに気づくきっかけが生まれるのです。

精神次元に耳を澄ませる

この例は非常に単純なものでしたが、このような場合に限らず、ロゴセラピストは常にクライエントの精神次元の声に耳を澄ましている必要があります。人間は身体、心理、精神の三次元からなる存在であることを意識し、クライエントの様々な言動や行動のなかから精神次元に由来しているものをキャッチし、その部分に焦点を当てて話題にするのです。セラピーにおいてある事柄を話題にするということは、その事柄の意味がクライエントの意識によって吟味されるということです。ロゴセラピーの理論を理解し、注意深くクライエントの話を聞いていれば、クライエントの語る内容のどの部分に焦点を当てるべきかが自ずと見えてきます。セラピストはクライエントの話を傾聴することが大切ですが、それはただ受動的に話を聞くということではなく、クライエントの話のどの部分に焦点を当てるかをセラピストの適切な応答によって選択していくという、能動的な営みなのです。

別の言い方をすれば、ロゴセラピストはクライエントの「現在のあるがままの姿」を見ているのではなく、クライエントの「本来のあるがままの姿」を見ようとしている、とも言えます。一般にセラピストの役割の一つとして鏡のようにクライエントを映し出すということがありますが、ロゴセラピストが映し出すのは、クライエントの現在の姿ではなく本来の姿です。

例えば、ひきこもっていて毎日のほとんどを自宅で過ごしているクライエントが相談に来たとしましょう。ロゴセラピストが焦点を当て、映し出すべき姿とは、ほとんどひきこもっているクライエントの姿ではなく、ひきこもりという問題を解決しようとセラピストのところに相談に来たクライエントの姿です。どちらの姿もクライエントの姿であることには変わりありません。しかし、ひきこもり続けるままの人生ではなく、自らの人生を意味あるものにしようと行動を起こしたこのクライエントの「意味への意志」こそが、クライエントの精神次元のはたらきであり、本来の姿であると私は考えます。

このクライエントがこれまで何をしてきて、どのようなことを考えてきたのか、ロゴセラピストは注意深く聞きます。仮にこのクライエントがほとんどの時間をひきこもって無為に過ごしているとしても、その中で何か意味のあることを行っているはずです。ロゴセラピストは、意味に対するアンテナを敏感に張り巡らせながらクライエントの話を聞くことによって、クライエントの中にある小さな意味の芽に気づき、そこにクライエントの意識という光を当てることによって、小さな意味の芽を大きく育てることができるのです。

ロゴセラピーにハウツーは存在しない

フランクルの著書からではわからないロゴセラピーの具体的な実践とはいかなるものか、かつての私はそれを最も知りたかった人間の一人だと思います。人生の意味というテーマに関心を持ち、『夜と霧』をはじめとするフランクルの著作に感銘を受け、自分もロゴセラピストとなってロゴセラピーを実践したいと、私は誰よりもそう願っていました。しかし今になってよくわかるのは、ロゴセラピーにはかつての私が求めていたようなハウツーはそもそも存在しないということでした。

初めて参加したロゴセラピーゼミナールで「ロゴセラピーを使うのではなくロゴセラピ

ーを生きることが大切」という勝田先生の言葉を聞き、自らの人生を意味あるものにしようと、私はできるだけ良心に従った行動の選択を心がけてきました（もちろん常にそうできたわけではありませんが）。その一方で、ロゴセラピーに限らない様々な学派の心理療法理論を学び、臨床心理士として悩みを抱える人々と向き合う経験を積みました。クライエントにとっては、そのセラピーがロゴセラピーであるかどうかや、そのセラピストがロゴセラピストであるかどうかはどうでも良いことです。少しでもクライエントに対してより良い援助ができるようになるために、自分は何をすれば良いか、どのようにあれば良いか、試行錯誤しながら努力してきました。そうやって少しずつできあがってきた形が、私にとってのロゴセラピーになりました。

今でも私はロゴセラピーの実践について学ぶことを諦めたわけではありません。ドイツに留学してルーカスのドイツ語の著書を少しずつですが読み進めました。オーストリアやアメリカで開かれるロゴセラピーの国際学会に参加し、現在はアメリカの国際ロゴセラピー研究所の通信教育プログラムを受講しています。

しかし、そうやってロゴセラピーについて学ぶことと、ロゴセラピストであろうとなかろうと一人のセラピストとして目の前のクライエントにとっての最善を求めて実践を重ねること、さらにはセラピストであろうとなかろうと一人の人間として自分の人生をより良く生きていこうとすること、この三つの交わるところに浮かんでくるのが「私のロゴセラピー」でした。私には私のロゴセラピーしかできないように、フランクルもルーカスも、全てのロゴセラピストはみな「自分のロゴセラピー」しかできないのだと思います。

その意味で、私のロゴセラピーは、ロゴセラピストであるか否かにかかわらず私がこれまでお世話になってきた方たちの影響を大きく受けています。特に大きいのは、大学院時代の恩師である故宮田敬一先生のブリーフセラピーと、四年間お世話になったスーパーヴァイザーのパーソン・センタード・アプローチです。最近ではマインドフルネスも私のロゴセラピーの中に入ってきています。

今回、この解説を書く機会を与えていただき、かつての私のようにロゴセラピーの理論に関心を持ちながら実践の仕方がわからないという方の助けになるようなことを書きたいと思いました。結局「ロゴセラピーとはこのようにするものです」という一般的な形を提示することは十分にはできませんでしたが、誰もがロゴセラピーを学び、ロゴセラピーを生きることによって、その人なりのロゴセラピーを作り上げていくことは可能だということをお伝えできていれば幸いです。そして、それこそがロゴセラピーの本質なのかもしれません。

訳者あとがき

『夜と霧』などの著書により日本でも広く知られているヴィクトール・E・フランクルは、母語のドイツ語のみならず英語でも本を書き、講演を行った。今回翻訳権を取得して訳出した『ロゴセラピーのエッセンス　18の基本概念』（原題 Grundkonzepte der Logotherapie）の前半は、もともとは英語で書かれている。春秋社のV・E・フランクル著、山田邦男監訳『意味による癒し　ロゴセラピー入門』の第一章がこの英語からの翻訳である。後年になって、フランクルの娘ガブリエレの配偶者で、公私ともにフランクルのよき理解者であるフランツ・J・ヴェセリがドイツ語にも翻訳し、二〇一五年に刊行した。

日本語への翻訳作業は、フランクルが書いた英語のオリジナルと、ヴェセリのドイツ語訳を机の左右に置き、両方を比較しながら進めていった。気軽に手に取ることができるロゴセラピー入門書として役立ててほしいという願いから、できるだけ平明な訳文とすることを心がけ、また、読者が関連の原書をひもといて学習する際の一助となるように、ロゴセラピーの重要な用語についてはつとめて原語を併記するようにした。

後半の「心理療法における精神の問題について」は、一九三八年にフランクルが専門雑誌に発表した論文で、ドイツ語で書かれたものである。この論文を読むと、フランクルは強制収容所で過酷な体験をするずっと前から、ロゴセラピーの構想を練り上げていたことがわかる。

共にロゴセラピーを学んだわたしの友人であり、精神医学および心理学というそれぞれの専門の現場においてロゴセラピーを積極的に活用し、この分野の第一人者的存在である本多奈美さんと草野智洋さんに解説を書いていただけたことを、とても嬉しく思う。お二方の自己紹介は巻末を参照されたい。

訳出にあたり、勝田茅生著『ロゴセラピー入門シリーズ』全九巻（株式会社システムパブリカ）を参考にした。ここに感謝の気持ちをあらわしたい。

ヴェセリ氏と、ヴィクトール・フランクル研究所のバティアーニー所長には、直接お目にかかったり、メールをやりとりしたりして、適切であたたかい助言をいただいた。その支えに心から感謝している。

赤坂桃子

著者

ヴィクトール・E・フランクル（Viktor E. Frankl 一九〇五―一九九七）は、ウィーン大学の神経学および精神医学の教授で、ウィーン総合病院神経科科長も二十五年間にわたって務めた。フランクルが創始した「ロゴセラピー／実存分析」は、「心理療法の第三ウィーン学派」とも称される。フランクルはハーバード大学ならびにスタンフォード、ダラス、ピッツバーグの各大学で教鞭をとり、カリフォルニア州サンディエゴにあるアメリカ合衆国国際大学のロゴセラピー講座の教授も務めた。フランクルの四十冊の著作は、これまでに五十数ヶ国語で出版されている。"…trotzdem Ja zum Leben sagen"〔邦訳名『夜と霧』〕の英語版はミリオンセラーとなり、「アメリカでもっとも人々に影響を与えた十冊の本」に選ばれた。

独訳者

フランツ・ヴェセリ（Franz Vesely）は、ウィーン大学理論物理学教授。ヴィクトール・フランクルの娘に当たる妻と共に一九九二年に学術協会「ヴィクトール・フランクル研究所」を創設し、協会が発行する専門雑誌の編集長を六年にわたって務めた。「ヴィクトール・フランクル・アーカイブ」に収められているフランクルの遺稿の管理者でもある。

解説者

本多奈美（ほんだ・なみ）

精神科医、臨床心理士、公認心理士。東北大学大学院教育学研究科・教育心理学講座・臨床心理学分野准教授。新潟大学医学部卒業、東北大学大学院医学系研究科医科学専攻博士課程修了。東北大学病院精神科、古川市立病院小児科、宮城県立こども病院児童精神科医長、東北大学大学院医学系研究科精神神経学分野准教授を経て現職。二〇〇五年より勝田茅生ロゴセラピー・ゼミナールにてロゴセラピーを学ぶ。日本ロゴセラピスト協会認定B級ロゴセラピスト。医学博士。精神科専門医・指導医、日本児童青年精神医学会認定医・理事・代議員、子どものこころ専門医。ＳＩＤＳ家族の会・医学アドバイザー。共著に、岸本寛史編『臨床バウム』（誠信書房）、中村和彦編『子どものこころの診療のコツ　研究のコツ』（金剛出版）、金生由紀子編『発達障害Ｑ＆Ａ　臨床の疑問に応える１０４問』（医学書院）。分担翻訳に『米国精神医学会治療ガイドライン　摂食障害』（日本精神神経学会）、『ＭＤアンダーソン・サイコソーシャル・オンコロジー』（メディカル・サイエンス・インターナショナル）。

草野智洋（くさの・ともひろ）
臨床心理士。公認心理師。琉球大学人文社会学部人間社会学科准教授。沖縄・静岡ロゴセラピー研究会を主宰。東京大学文学部思想文化学科宗教学・宗教史学専修課程卒業。大阪大学大学院人間科学研究科臨床心理学講座修了。博士（人間科学）。日本ロゴセラピスト協会認定A級ロゴセラピスト。共訳書に、ヴィクトール・E・フランクル著、広岡義之監訳『虚無感について　心理学と哲学への挑戦』（青土社）。共著書に、『ひきこもりの心理支援　心理職のための支援・介入ガイドライン』（金剛出版）（担当：第Ⅱ部第3章「働く意味」を超えた「生きる意味」の追求）、『生きる意味の情報学　共創・共感・共苦のメディア』（東海大学出版部）（担当：第2章　ロゴセラピー実践の具体的ツール「意味発見シート」の開発）。『現代心理学辞典』（有斐閣）、『臨床心理学中事典』（遠見書房）の「ロゴセラピー」の項目を執筆。

訳者　赤坂桃子（あかさか・ももこ）

翻訳家。上智大学文学部ドイツ文学科および慶應義塾大学文学部卒。訳書にヴィクトール・E・フランクル著『夜と霧の明け渡る日に』（新教出版社）および『精神療法における意味の問題』（北大路書房）、フランクル伝：ハドン・クリングバーグ・ジュニア著『人生があなたを待っている――〈夜と霧〉を越えて　1・2』（みすず書房）、フリッツ・リーマン著『不安という相棒』（新教出版社）、ハンス・ファラダ著『ピネベルク、明日はどうする!?』（みすず書房）、トーン・ホルステン著『フッサールの遺稿』（左右社）ほか多数。

ロゴセラピーのエッセンス　18の基本概念

2016年10月11日　第1版第1刷発行
2024年 5 月30日　第1版第3刷発行

著　者……ヴィクトール・E・フランクル
訳　者……赤坂桃子
解　説……本多奈美、草野智洋

発行者……小林　望
発行所……株式会社新教出版社
〒162-0814東京都新宿区新小川町9-1
電話（代表）03 (3260) 6148
振替 00180-1-9991
印刷・製本……モリモト印刷株式会社

ISBN 978-4-400-31080-8　C1011